FRÜHLINGS-
FESTE FEIERN

Ein JOURNAL Buch
für die Frau
im
Ullstein Buchverlag

FRÜHLINGS-FESTE FEIERN

Schmücken, Backen, Kochen, Basteln:
Die 150 besten Ideen und Rezepte

Ullstein

Ein JOURNAL FÜR DIE FRAU-Buch
Redaktion: Geert Zebothsen
Lektorat: Susanne Kranz

Ideen und Produktion: Margrit Andresen, Regine Kuhlei, Brigitte Scharnhorst
Fotos: Heino Banderob, Achim Deimling-Ostrinsky, Alan Ginsburg, Rudolf Nüttgens, Christel Rosenfeld,
Studio Andrea Kramp/Bernd Gölling, Studio Raben, Olaf Szczepaniak, Jan-P. Westermann

© 1997 Ullstein Buchverlage GmbH, Berlin
Die Verwertung der Texte und Bilder, auch auszugsweise,
ist ohne Zustimmung des Verlages urheberrechtswidrig und strafbar.
Dies gilt auch für Vervielfältigungen, Mikroverfilmungen und
für die Verarbeitung mit elektronischen Systemen
Umschlagentwurf: Vera Bauer
Layout und Lithos: Fa. Univers.exakt, Berlin
Druck und Bindung: Sebald Sachsendruck, Plauen
Printed in Germany 1997
ISBN 3 550 08804 3

Die Deutsche Bibliothek – CIP-Einheitsaufnahme

Frühlingsfeste feiern – Schmücken, Backen, Kochen, Basteln : Die 150 besten Ideen und Rezepte
[Red.: Geert Zebothsen. Fotos: Heino Banderob...].
Berlin: Ullstein, 1997
(Ein Journal-für-die-Frau-Buch)
ISBN 3 550 08804 3

NE: Zebothsen, Geert [Red.]

Liebe Leserin, lieber Leser,

in keiner Jahreszeit feiert's sich so gern, oft und vielfältig wie im Frühling, wenn nach den langen, dunklen Wintermonaten endlich die Natur erwacht und unsere Stimmung hebt. Ostern, Pfingsten, Muttertag oder eine Garten-Party im Wonnemonat Mai: reichlich Gelegenheiten für fröhliche Familienfeste, romantische Frühstücksorgien und Kaffeetafeln, die sich bis in den Abend hinziehen.

Mit den erprobten Anregungen der JOURNAL-FÜR-DIE-FRAU-Redaktion lassen sich unvergeßliche Feststunden erleben: intim oder gesellig, preiswert und stimmungsvoll. Es ist an alles gedacht: Basteleien, kulinarische Köstlichkeiten, Tischdekorationen, Geschenke und und und…

Natürlich steht Ostern, das bedeutendste Frühlingsfest, im Mittelpunkt des Buches. Daß Sie allerdings die raffinierten Menüs, Torten und Desserts auch zu anderen festlichen Anlässen auftischen können und die fröhlichen Blumensträuße auch bei Geburtstagskindern Eindruck machen, versteht sich von selbst! Und nichts ist leichter, als beispielsweise die hübsche, österlich dekorierte Eierlikörtorte (siehe Seite 47) in ein Muttertagspräsent zu verwandeln: Ersetzen Sie die kleinen Hasen, die das opulente Backwerk zieren, durch Marzipanrosen oder Schokoladenherzen – fertig! Sie sehen, Ihrer Phantasie sind keine Grenzen gesetzt.

Und wer möchte, kann die doppelte Nutzung sogar mit einem Augenzwinkern auf die Spitze treiben: Unsere – im wahrsten Sinne des Wortes – vielseitige Wendekrawatte (siehe Seite 88/89) schmückt vorne ein Osterhase und hinten ein Weihnachtsmann… Aber letzterer hat seinen großen Auftritt zum Glück erst in vielen, vielen Monaten.

Dem Gelingen fröhlicher, festlicher Stunden steht also nichts mehr im Wege. In diesem Sinne: viel Spaß und guten Appetit!

Ihre JOURNAL-Redaktion

Inhalt

"Frühlingsfeste feiern"
Schmücken, Backen, Kochen, Basteln: Die 150 besten Ideen und Rezepte

Zum festlichen AUFTAKT — S. 08–23
- Internationale Frühstücksideen — S. 08
- Herzhaftes zum Osterbrunch — S. 16
- Bunte Buffets — S. 20

FESTMENÜS vom Feinsten — S. 24–29
- Lammkeule, Schweinemedaillons, Putenrouladen — S. 24
- Lachs in Salzkruste — S. 28

Frühlingserwachen im BACKOFEN — S. 30–37
- Knuspriges am Morgen — S. 30
- Selbstgebackenes Brot — S. 34
- Originelle Osterfiguren — S. 35

ZARTE VERFÜHRUNG — Baiser und Konfekt — S. 38–43
- Schlemmererlebnis Baiser — S. 38
- Köstliches Konfekt — S. 42

TORTEN und DESSERTS der Extraklasse — S. 44–49
- Traumhafte Torten — S. 44
- Sagenhafte Süßspeisen — S. 49

Kuchen für FESTTAGE — S. 50–53
- Von Aprikosen- und Himbeergenüssen — S. 50

PIKANTE Zwischenmahlzeiten — S. 54–57
- Pastete, Quiche und Co. — S. 54

Österliche TISCHDEKORATION — S. 58–63
- Fein aufgetischt für gute Freunde — S. 58

Ein Fest fürs Auge — FRÜHLINGSBLUMEN — S. 64–67
- Blütenträume mit Sti(e)l — S. 64

SCHMÜCKEN BASTELN & GESTALTEN zu Ostern — S. 68–83
- Rund und bunt: österliche Deko-Objekte — S. 68

GESCHENKE zum Selbermachen — S. 84–94
- Hasen und Enten zum Kuscheln und Essen — S. 84

REGISTER — S. 95
- (Rezepte und Bastelanleitungen)

Zum festlichen AUFTAKT

Internationale FRÜHSTÜCKSIDEEN

Ausschlafen und dann ohne Zeitlimit ausgiebig frühstücken – so fängt der Feiertag gut an! Sie können österreichisch, amerikanisch, skandinavisch oder deutsch in den Tag starten. Oder sich von allem das Beste herauspicken!

ÖSTERREICH

Palatschinken
(4 Portionen)

<u>Für den Palatschinken:</u>
200 ml Milch, 2 Eier
1 Prise Salz, 1 TL Zucker
150 g Mehl
Fett zum Braten
<u>Für die Füllung:</u>
50 g Butter oder Margarine
70 g Zucker
Mark 1/2 Vanilleschote
3 Eier, 1 EL Zitronensaft
300 g Magerquark
<u>Außerdem:</u>
Fett für die Form
1 EL Butter
1 EL Puderzucker

Zutaten für den Palatschinken verrühren und 4 dünne Pfannkuchen daraus bakken. Für die Füllung Fett mit Zucker und Vanillemark schaumig rühren. Eigelb, Zitronensaft und Quark unterrühren. Eiweiß steif schlagen und unterheben. Masse auf dem Palatschinken verteilen, aufrollen und in eine gefettete Auflaufform legen. Mit flüssiger Butter bestreichen und mit Puderzucker bestäuben. Im Backofen (E-Herd: 180 Grad; Gasherd: Stufe 2) 20–25 Minuten backen.

Pro Portion ca.
460 Kalorien/1932 Joule;
Zubereitungszeit: ca. 50 Min.

Pflaumenmus
(4–6 Portionen)

1 Becher Pflaumenmus (225 g)
2 EL Rum
abgeriebene Schale 1 unbehandelten Orange
1 EL gehackte Mandeln

Pflaumenmus mit Rum glattrühren. Orangenschale und Mandeln zufügen.

Pro Portion ca. 100 Kalorien/420 Joule; Zubereitungszeit: ca. 5 Min.

Reis Trauttmansdorff
(4–6 Portionen)

1/2 l Milch, Schale 1/2 unbehandelten Zitrone
1 Prise Salz
125 g Milchreis
6 Blatt weiße Gelatine
75 g Zucker, 1 Becher Schlagsahne (250 g)
<u>Für das Fruchtpüree:</u>
250 g Erdbeeren, 30 g Puderzucker, 1 EL Zitronensaft

Milch mit dünn abgeschälter Zitronenschale und Salz aufkochen. Reis einstreuen und 35 Minuten bei milder Hitze ausquellen lassen. Zitronenschale entfernen. Gelatine 10 Minuten in kaltem Wasser einweichen, ausdrücken und mit dem Zucker im heißen Milchreis auflösen. Kühl stellen. Wenn der Reis zu gelieren beginnt, die steifgeschlagene Sahne unterziehen. In eine kleine Guglhupfform (1 l Inhalt) füllen, im Kühlschrank fest werden lassen, dann stürzen. Für das Püree die Erdbeeren putzen, waschen und mit Puderzucker und Zitronensaft pürieren. Zum Reis essen.

Pro Portion ca.
300 Kalorien/1260 Joule;
Zubereitungszeit: ca. 50 Min.
(ohne Kühlzeit)

Österreichisches Paradefrühstück: Palatschinken, Pflaumenmus, Reis Trauttmansdorff, Anisbrötchen, Wurstsalat, Eier im Sud, Hefeteighörnchen und Käsecreme

Niedlicher Blickfang auf dem Frühstückstisch: Anisbrötchen in Hasenform

Anisbrötchen (Hasen)
(12 Stück)

Für den Teig:
250 g Mehl
1/2 Würfel frische Hefe (20 g)
50 g Zucker, 1 Prise Salz
60 g Butter oder Margarine
1 Eigelb, 1 TL gemahlener Anis, 1/8 l Milch
Mehl zum Verarbeiten
Außerdem:
1 Eigelb, 1 EL Milch
2 TL Anissamen

Für den Teig Mehl mit zerbröckelter Hefe, Zucker, Salz, Fett, Eigelb und Anis mischen. Lauwarme Milch nach und nach unterkneten und alles zu einem Teig verkneten. Den Teig abgedeckt 30 Minuten an einem warmen Ort aufgehen lassen, von Hand durchkneten und ca. 1 cm dick ausrollen. Aus dem Teig größere Hasen ausstechen. Eigelb mit Milch verrühren und die Hasen damit bepinseln. Mit Anissamen bestreuen und auf ein mit Backpapier ausgelegtes Blech legen. Im Backofen (E-Herd: 200 Grad; Gasherd: Stufe 3) 15–18 Minuten backen. Rechtzeitig abdecken.

Pro Stück ca.
150 Kalorien/6300 Joule;
Zubereitungszeit: ca. 45 Min.
(ohne Aufgehzeiten)

Wurstsalat
(4 Portionen)

500 g Fleischwurst,
2 rote Zwiebeln
200 g Rettich
2 Bund Radieschen
1 Bund Petersilie
Für die Marinade:
6 EL Öl, 4 EL Essig,
Salz, Pfeffer

Wurst pellen, in Scheiben schneiden, kleine Hasen ausstechen. Zwiebeln abziehen, in Ringe schneiden. Rettich und Radieschen putzen, waschen, in Scheiben schneiden. Petersilie hacken, alles mischen. Marinadenzutaten mit 2 EL Wasser verrühren, über den Salat geben. 1 Stunde ziehen lassen.

Pro Portion ca.
600 Kalorien/2520 Joule;
Zubereitungszeit: ca. 30 Min.
(ohne Zeit zum Durchziehen)

Eier im Sud
(10 Stück)

10 hartgekochte Eier
100 g Schalotten
3 rote Chilischoten
2 Lorbeerblätter, 75 g Salz
1 EL Senfkörner
1/4 l Weißweinessig
1 Topf Estragon

Eierschalen rundum leicht anschlagen. Zwiebeln abziehen, Chilischoten der Länge nach halbieren, entkernen. Mit Lorbeer, Salz, Senfkörnern, Essig, 1 l Wasser aufkochen. Estragon und Eier in ein Einmachglas (2 l Inhalt) geben. Mit lauwarmem Sud begießen. Glas verschließen. 1–2 Tage im Kühlschrank durchziehen lassen.

Pro Stück ca.
90 Kalorien/378 Joule;
Zubereitungszeit:
ca. 20 Min. (ohne Kühlzeit)

Käsecreme
(4 Portionen)

1 reifer Camembert (125 g)
1 Zwiebel, 30 g Butter oder Margarine, 1 EL Bier, Salz, Pfeffer, edelsüßes Paprikapulver, 1/2 TL gemahlener Kümmel, 1/2 Bund Schnittlauch

Rinde vom Camembert abschneiden und den Käse mit einer Gabel zerdrücken. Zwiebel abziehen, fein würfeln. Mit Fett, Bier und den Gewürzen zum Käse geben und gut verrühren. Im Kühlschrank wieder etwas fester werden lassen und mit Schnittlauchröllchen bestreuen.

Pro Portion ca.
180 Kalorien/756 Joule;
Zubereitungszeit:
ca. 10 Min. (ohne Kühlzeit)

Schmeckt auch am Abend: pikante Camembert-Creme

Ebenso lecker wie dekorativ: gewürzte Eier im Sud

Hefeteighörnchen
(ca. 15 Stück)

Für den Teig:
250 g Mehl, 1/2 Würfel frische Hefe (20 g)
40 g Zucker
1 Prise Salz
1 Päckchen Vanillinzucker
abgeriebene Schale 1/2 unbehandelten Zitrone
50 g Butter oder Margarine
1 Ei, 100 ml Milch
Außerdem:
1 Eigelb, 1 EL Milch
2 EL Hagelzucker

Mehl mit zerbröckelter Hefe, Zucker, Salz, Vanillinzucker, Zitronenschale, Fett und Ei mischen. Lauwarme Milch nach und nach unterrühren. Alles zu einem Teig verkneten. Den Teig abgedeckt an einem warmen Ort 30 Minuten aufgehen lassen. Von Hand durchkneten und zu einer Platte von ca. 50 x 30 cm ausrollen. Die Teigplatte längs halbieren und die Streifen in Dreiecke schneiden. Die Dreiecke von der breiten Seite zur Spitze hin zu kleinen Hörnchen aufrollen. Weitere 15 Minuten aufgehen lassen. Eigelb mit Milch verrühren und die Hörnchen damit bepinseln. Hagelzucker darüberstreuen und die Hörnchen auf ein mit Backpapier ausgelegtes Blech legen. Im Backofen (E-Herd: 200 Grad; Gasherd: Stufe 3) 10–15 Minuten backen.

Pro Stück ca.
120 Kalorien/504 Joule;
Zubereitungszeit:
ca. 45 Min. (ohne Aufgehzeiten)

Zum festlichen Auftakt

Frühstück all' americana: Waffeln mit Ahornsirup, Doughnuts (Hefekringel), Heidelbeer-Muffins, Eier mit Speck, Vitamincocktail, Cornflakes mit Obst und Waldorfsalat

USA

Waffeln mit Ahornsirup
(10 Stück)

Für den Teig:
250 g Butter oder Margarine
200 g Zucker
1 Prise Salz
4 Eier, abgeriebene Schale
1/2 unbehandelten Zitrone
125 g Mehl
100 g Buchweizenmehl
100 g Speisestärke
1 Msp. Backpulver
Außerdem:
Fett für das Waffeleisen
250 ml Ahornsirup

Waffelzutaten miteinander verrühren. Aus dem Teig im gefetteten Waffeleisen nacheinander 10 Waffeln backen. Dazu Ahornsirup.

Pro Portion ca.
370 Kalorien/1554 Joule;
Zubereitungszeit: ca. 40 Min.

Heidelbeer-Muffins
(24 Stück)

200 g tiefgefrorene Heidelbeeren
200 g Mehl (Type 1050)
1 TL Backpulver, 1/2 TL Salz
80 g Butter oder Margarine
250 g Zucker, 2 Eier
100 ml Milch
Mark 1/2 Vanilleschote
Fett für die Form
Puderzucker zum Bestäuben

Heidelbeeren auftauen und abtropfen lassen. Die Zutaten für den Teig mit dem Schneebesen des Handrührgerätes zu einem geschmeidigen Teig verrühren. Heidelbeeren unterheben. Eine Mohrenkopf- oder Muffinform ausfetten und jeweils 1 EL Teig in die Vertiefungen geben. Im Backofen (E-Herd: 200 Grad; Gasherd: Stufe 3) ca. 20–25 Minuten backen. Die Form auskühlen lassen, Muffins herauslösen, die Form erneut einfetten und die nächsten Muffins genauso backen. Die ausgekühlten Muffins vor dem Servieren mit Puderzucker bestäuben.

Pro Stück ca.
120 Kalorien/504 Joule;
Zubereitungszeit: ca. 1 Std.

Doughnuts
(Hefeteigkringel; ca. 25 Stück)

Für den Teig:
250 g Mehl, 20 g frische Hefe, 2 EL Zucker, 30 g Butter oder Margarine, 1 Eigelb
1 Prise Salz, ca. 1/2 l Milch
Außerdem:
Puderzucker zum Bestäuben

Für den Teig Mehl mit zerbröckelter Hefe, Zucker, Fett, Eigelb und Salz vermengen. Lauwarme Milch nach und nach zugeben und alles zu einem glatten Teig verkneten. Den Teig abgedeckt an einem warmen Ort 30 Minuten aufgehen lassen. Den Teig auf einer leicht bemehlten Fläche ca. 1,5 cm dick ausrollen. Mit einem runden Ausstecher ca. 6 cm große Kreise ausstechen. Mit einem kleineren runden Ausstecher die Teigmitte herausstechen, so daß kleine Ringe entstehen. Die Teigringe nochmals 15 Minuten aufgehen lassen und dann im heißen Fritierfett 3–5 Minuten ausbacken. Auf Küchenpapier abtropfen lassen. Die Doughnuts mit Puderzucker bestäuben.

Pro Stück ca.
70 Kalorien/294 Joule;
Zubereitungszeit:
ca. 1 Std. (ohne Aufgehzeiten)

Gebratene Eier mit Speck
(4 Portionen)

100 g Bacon
8 kleine Bratwürstchen
(z.B. Nürnberger Rostbratwürstchen)
4 Eier, Salz, Pfeffer

Baconscheiben in einer Pfanne kross braten, herausnehmen und auf Küchenpapier abtropfen lassen. In dem Baconbratfett die Bratwürstchen 6–8 Minuten braten, herausnehmen und warmstellen. Eier aufschlagen und zum Schluß als Spiegeleier braten, mit Salz und Pfeffer würzen.

Pro Portion ca.
700 Kalorien/2940 Joule;
Zubereitungszeit: ca. 30 Min.

Vitamincocktail
(4 Gläser à 200 ml)

6 Orangen
1 Limette
2 Grapefruits
2 EL Sonneblumenkerne

Orangen und Limette auspressen. Grapefruits filieren, die Filets etwas kleiner schneiden und in den Saft geben. Sonnenblumenkerne in einer Pfanne ohne Fett rösten, in den Saft streuen.

Pro Glas ca.
180 Kalorien/756 Joule;
Zubereitungszeit: ca. 15 Min.

> **TIP**
>
> Eine ideale Alternative zu frisch gepreßten Säften sind Multivitamingetränke, die noch mit pürierten Früchten angereichert werden können.

Zum festlichen Auftakt

DEUTSCHLAND

Cornflakes mit Obst
(4 Portionen)

1/2 Ogenmelone
2 rosa Grapefruits
2 Bananen
200 g Erdbeeren,
2 Päckchen Vanillinzucker
100 g Cornflakes

Melone schälen, entkernen und das Fruchtfleisch würfeln. Grapefruits filieren. Bananen schälen und in Scheiben schneiden. Erdbeeren putzen, waschen, abtropfen lassen und evtl. halbieren. Alles Obst mischen und mit Vanillinzucker bestreuen. Cornflakes in Schalen verteilen und den Obstsalat darauf geben.

*Pro Portion ca.
200 Kalorien/840 Joule;
Zubereitungszeit: ca. 30 Min.*

Waldorfsalat
(4 Portionen)

2 Äpfel (250 g)
250 g Knollensellerie
1 kleine Dose Mandarinen
(175 g), Saft 1/2 Zitrone
75 g gehackte Walnüsse
100 g Mayonnaise
Salz, Pfeffer, Zucker

Äpfel und Sellerie putzen, waschen und grob raspeln. Mit Zitronensaft beträufeln. Mandarinen abtropfen lassen, Saft auffangen. Alle Zutaten mischen. Mayonnaise mit etwas Mandarinensaft verrühren, mit den Gewürzen abschmecken und unter die Salatzutaten heben.

*Pro Portion ca.
400 Kalorien/1680 Joule;
Zubereitungszeit: ca. 30 Min.*

Kaviar-Eier
(12 Stück)

6 Eier, 250 g Sahnequark
300 g Vollmilchjoghurt
je 1 Bund Dill, Schnittlauch und glatte Petersilie, Salz, Pfeffer, 1 Prise Zucker
1 Spritzer Zitronensaft
2 EL Forellenkaviar
1/2 Kästchen Kresse

Eier 10 Minuten hartkochen, abschrecken und pellen. Quark mit Joghurt, gehackten Kräutern, Gewürzen und Zitronensaft verrühren. In eine flache Form geben. Eier halbieren und die Eihälften hineinsetzen. Mit Kaviar und etwas Kresse anrichten.

*Pro Stück ca.
90 Kalorien/378 Joule;
Zubereitungszeit: ca. 20 Min.*

Hackepeter
(6 Portionen)

300 g Thüringer Mett
1 kleine rote Paprika (100 g)
40 g Kapern, 1 Zwiebel
1/2 Bund Petersilie
Salz, Pfeffer, Paprika

Mett in eine Schüssel geben. Paprika putzen, waschen und fein würfeln. Mit den abgetropften Kapern, fein gewürfelter Zwiebel, gehackter Petersilie und den Gewürzen verrühren.

*Pro Portion ca.
180 Kalorien/756 Joule;
Zubereitungszeit: ca. 15 Min.*

Frischkäse-Eier
(ca. 30 Stück)

1 Paket Doppelrahmfrischkäse (200 g)
1/2 Becher Crème fraîche (75 g),
Salz, Pfeffer
1 Bund Schnittlauch
2 EL edelsüßes Paprikapulver
3 EL Haselnußblättchen

Frischkäse mit Crème fraîche glattrühren, würzen. Mit 2 Teelöffeln kleine Nocken abstechen. Jeweils 1/3 in Schnittlauchröllchen, 1/3 in Paprikapulver und 1/3 in etwas zerkleinerten Haselnußblättchen wenden.

*Pro Stück ca.
60 Kalorien/252 Joule;
Zubereitungszeit: ca. 25 Min.*

Früchte pur: Nichts geht über selbstgemachte Marmelade

Kaltgerührte Himbeerkonfitüre
(2 Gläser à 250 g)

250 g tiefgefrorene Himbeeren
Saft 1/2 Zitrone, 250 g Gelierzucker, 1 EL Cassis

Aufgetaute Himbeeren mit Zitronensaft und Gelierzucker 3 x 5 Minuten mit den Schneebesen vom Handrührgerät verrühren. Cassis unterrühren und die Konfitüre in saubere Gläser füllen. Verschließen und kühl stellen. Haltbarkeit: im Kühlschrank 5–10 Tage.

*Pro Glas ca.
900 Kalorien/3780 Joule;
Zubereitungszeit: ca. 20 Min.*

Kaltgerührte Mangokonfitüre
(2 Gläser à 250 g)

1 reife Mango (450 g)
Saft 1/2 Zitrone
300 g Gelierzucker
Mark 1 Vanilleschote

Mango waschen, schälen und das Fruchtfleisch vom Stein schneiden. 300 g abwiegen, pürieren und mit den restlichen Zutaten vermengen. Die Konfitüre 3 x 5 Minuten mit den Schneebesen des Handrührgerätes verrühren. In Gläser füllen und kühl stellen. Haltbarkeit: im Kühlschrank 5–10 Tage.

*Pro Glas ca.
800 Kalorien/3360 Joule;
Zubereitungszeit: 25 Min.*

Rosinenstuten
(ca. 20 Scheiben)

1/2 Paket Backmischung Sonntags-Stuten (500 g)
1 Würfel frische Hefe (40 g)
1 Ei, 200 ml Wasser
120 g Rosinen
20 g gehackte Pistazien
Fett für die Form
1 EL Kondensmilch

Backmischung mit der zerbröckelten Hefe mischen. Ei und lauwarmes Wasser zugeben und alles zu einem Teig verkneten. Rosinen und Pistazien unterkneten und den Teig an einem warmen Ort 30 Minuten aufgehen lassen. Den Teig mit den Händen durchkneten, zu einer Rolle formen und in eine gefettete Kastenkuchenform (30 cm) geben.

Zum festlichen Auftakt

formen und noch mal 15 Minuten aufgehen lassen. Auf ein mit Backpapier ausgelegtes Backblech stürzen und im Backofen (E-Herd: 200 Grad; Gasherd: Stufe 3) 30–40 Minuten backen.

*Pro Scheibe ca.
150 Kalorien/630 Joule;
Zubereitungszeit: ca. 1 Std.*

Geschichtetes Müsli
(4 Portionen)

*1 Becher Vollmilchjoghurt
(500 g), Saft 1/2 Zitrone
3 EL Zucker,
200 g Erdbeeren, 2 Bananen
200 g Früchte-Müsli*

Joghurt mit 1 EL Zitronensaft und 2 EL Zucker verrühren. Erdbeeren putzen, waschen. Bananen schälen, in Scheiben schneiden. Müsli, Joghurt und Früchte abwechselnd in eine Schüssel schichten.

*Pro Portion ca.
380 Kalorien/1596 Joule;
Zubereitungszeit: ca. 10 Min.*

Vertraut, aber nicht alltäglich: Kaviar-Eier, Hackepeter, Frischkäse-Eier, kaltgerührte Himbeer- und Mangokonfitüre, Rosinenstuten, geschichtetes Müsli und Haselnußbrot

Knackig-cremig-fruchtig: geschichtetes Müsli

Nochmals 15 Minuten aufgehen lassen. Den Teig der Länge nach mit einem spitzen Messer ca. 2 cm tief einschneiden, mit der Kondensmilch bepinseln und im Backofen (E-Herd: 200 Grad; Gasherd: Stufe 3) 35–40 Minuten backen. Mit einem Holzstäbchen eine Garprobe machen. Den Stuten auf ein Kuchenrost stürzen und auskühlen lassen. Dazu schmecken die rohgerührten Konfitüren. Tip: Wenn Sie die ganze Backmischung mit der doppelten Zutatenmenge verarbeiten, haben Sie ein tolles Ostermitbringsel.

*Pro Scheibe ca. 100 Kalorien/
420 Joule; Zubereitungszeit:
ca. 1 Std. (ohne Aufgehzeiten)*

Haselnußbrot
(ca. 25 Scheiben)

*250 g Weizenvollkornmehl
250 g Weizenmehl
(Type 550)
2 TL Salz, 1 TL Zucker
1 Würfel frische Hefe (40 g)
50 g Butter oder Margarine
1 Ei, ca. 1/4 l Buttermilch
150 g ganze Haselnüsse
Mehl zum Verarbeiten*

Mehle mit Salz, Zucker, zerbröckelter Hefe, Fett und Ei mischen. Lauwarme Buttermilch nach und nach zugeben und alles zu einem glatten Teig verkneten. Haselnüsse unterkneten und den Teig abgedeckt an einem warmen Ort 30 Minuten aufgehen lassen. Durchkneten, zu einem Brotlaib

So zelebriert man im hohen Norden das Sonntagsfrühstück: Lachs mit Honigsoße, Glasbläserhering, Kopenhagener, Sonnenblumenbrötchen, rote Grütze, Leberpastete und Omelett mit Krabben

SKANDINAVIEN

Lachs mit Honigsoße
(4 Portionen)

400 g Graved Lachs
1 Zitrone
Für die Soße:
6 EL mittelscharfer Senf
2 EL Rotweinessig
3 EL flüssiger Honig, Salz
Pfeffer, 200 ml Olivenöl
1/2 Bund Dill

Lachs mit Zitronenspalten auf einer Platte anrichten. Senf, Essig, Honig und Gewürze gut verrühren. Öl tröpfchenweise zufügen. Soße mit gehacktem Dill verrühren und zum Lachs servieren.

*Pro Portion ca.
600 Kalorien/ 2520 Joule;
Zubereitungszeit: ca. 10 Min.*

Krabben-Omelett
(2 Portionen)

3 Eier, 1 Prise Salz
1 EL Milch, Pfeffer
1 EL Butter oder Margarine
Für die Füllung:
1/2 Salatgurke (175 g)
125 g Krabbenfleisch
1 Bund Dill, 1/2 Zitrone

Eier mit Salz, Milch und Pfeffer verrühren. Im heissen Fett bei milder Hitze in einer Pfanne stocken lassen. Für die Füllung Gurke waschen und fein würfeln. Mit Krabben und gehacktem Dill sowie abgeriebener Zitronenschale und Zitronensaft verrühren. Mit Salz und Pfeffer abschmecken. Das Omelett aus der Pfanne gleiten lassen und eine Hälfte mit der Füllung belegen. Die andere Omeletthälfte drüberklappen.

*Pro Portion ca.
230 Kalorien/966 Joule;
Zubereitungszeit: ca. 20 Min.*

Mit Sherry verfeinert: Leberpastete de Luxe

Leberpastete
(6 Portionen)

250 g feine Kalbsleberwurst
3 EL trockener Sherry
1 EL Schlagsahne
25 g gehackte Pistazien
1 EL rosa Pfeffer, Salz
1 Bund glatte Petersilie

Leberwurst mit Sherry, Sahne, Pistazien, zerstoßenem Pfeffer, etwas Salz und gehackter Petersilie verrühren. In ein kleines Porzellanförmchen geben, mit Pfeffer und Petersilie verzieren.

*Pro Portion ca.
250 Kalorien/1050 Joule;
Zubereitungszeit: ca. 15 Min.*

Rote Grütze
(4–6 Portionen)

je 300 g tiefgefrorener
Beerencocktail und Kirschen
1/4 l Johannisbeersaft
Saft 1/2 Zitrone, 50 g Zucker
1 Päckchen Vanillinzucker
60 g Speisestärke
1 Becher Schlagsahne (250 g)

Früchte mit Johannisbeer- und Zitronensaft, Zucker, Vanillinzucker aufkochen, 5 Minuten garen. Stärke in wenig kaltem Wasser anrühren, in die kochende Grütze rühren. 2 Minuten kochen, abkühlen lassen. Flüssige Sahne dazu essen.

*Pro Portion ca.
300 Kalorien/1260 Joule;
Zubereitungszeit: ca. 15 Min.*

Glasbläserhering
(4 Portionen)

4 Matjesfilets (320 g)
2 rote Zwiebeln
20 g frischer Meerrettich
1 Stück frischer Ingwer (15 g)
1 Möhre (150 g)
2 TL Pimentkörner
2 TL Senfkörner
2 Lorbeerblätter
Für den Sud:
150 ml Weißweinessig
150 ml Wasser, 80 g Zucker

Matjesfilets abspülen, in Stücke schneiden. Zwiebeln abziehen, in Ringe schneiden. Meerrettich und Ingwer schälen, in Scheiben schneiden. Möhre waschen, schälen, in Scheiben schneiden. Alles mit den Gewürzen in ein Glasgefäß schichten. Sudzutaten aufkochen, bis der Zucker gelöst ist. Den abgekühlten Sud über die Zutaten gießen, so daß alles bedeckt ist. 2 Tage im Kühlschrank durchziehen lassen.

*Pro Portion ca.
300 Kalorien/1260 Joule;
Zubereitungszeit: ca. 30 Min.*

Kopenhagener
(12 Stück)

1 Paket tiefgefrorener
Blätterteig (6 Platten, 450 g)
12 Aprikosenhälften (Dose)
100 g Marzipanrohmasse
1 Eiweiß
1 Päckchen Vanillinzucker
Saft 1/2 Zitrone
75 g Puderzucker

Blätterteig auftauen lassen und die Platten halbieren. Aprikosen abtropfen lassen. Marzipanrohmasse mit 1 EL Eiweiß und Vanillinzucker verkneten. Die Blätterteigquadrate mit einem spitzen Messer von den Ecken zur Mitte ca. 2–3 cm einschneiden. Marzipanmasse in den Teigmitten verteilen, mit je 1 Aprikosenhälfte belegen. Teigecken windmühlenförmig zur Mitte hin einschlagen, mit restlichem Eiweiß zusammenkleben. Auf ein gefettetes Blech legen, im Backofen (E-Herd: 200 Grad; Gasherd: Stufe 3) 15–20 Minuten backen. Zitronensaft mit Puderzucker verrühren und die abgekühlten Kopenhagener damit bepinseln.

*Pro Stück ca.
230 Kalorien/966 Joule;
Zubereitungszeit: ca. 45 Min.*

Sonnenblumenbrötchen
(12 Stück)

1 Paket tiefgefrorener
Blätterteig (6 Platten, 450 g)
1 Eiweiß
4 EL Sonnenblumenkerne

Blätterteig auftauen lassen. Der Länge nach einmal halbieren, mit Eiweiß bepinseln. 2/3 der Sonnenblumenkerne darauf verteilen und die Streifen fest aufrollen. Mit der Nahtseite auf ein mit Backpapier ausgelegtes Blech legen. Eigelb mit Milch verrühren und die Brötchen damit bepinseln. Mit restlichen Sonnenblumenkernen bestreuen und im Ofen (E-Herd: 200 Grad; Gasherd: Stufe 3) 20 Minuten backen.

*Pro Stück ca.
160 Kalorien/672 Joule;
Zubereitungszeit: ca. 45 Min.*

Ein frühlingsfrisches Quartett: Bereits am Vortag wird die pikante Eiersülze zubereitet. Zum gefüllten Putenrollbraten gibt's Kräutersoße. Im Obstsalat stecken Kiwi, Mango, Karambole und Melone. Und ganz frisch aus dem Ofen kommen die knusprigen Brötchen

Herzhaftes zum OSTERBRUNCH

Das Patentrezept gegen Osterstreß: Statt Frühstück und Mittag gibt's einen üppigen Brunch. Alles läßt sich gut vorbereiten und reicht für acht Personen.

Eiersülze
(8 Portionen)

6 Eier
150 g Zuckerschoten
350 g Möhren, Salz
1/2 Gurke (200 g)
1/2 Bund glatte Petersilie
Für den Sud:
400 ml Gemüsebrühe
200 ml Weißwein
150 ml Weißweinessig
2 Lorbeerblätter
1 TL Pfefferkörner
1 TL Senfkörner
Salz
10 Blatt weiße Gelatine

Eier 10 Minuten kochen, abschrecken, pellen und längs halbieren. Zuckerschoten und Möhren putzen und waschen. Möhren würfeln. Beides nacheinander in kochendem Salzwasser 3 Minuten blanchieren. In kaltem Wasser abschrecken und gut abtropfen lassen. Gurke schälen, längs halbieren. Kerne herausschaben. Fruchtfleisch mit einem Kugelausstecher ausstechen oder würfeln. Petersilie waschen, Blätter abzupfen. Eier, Gemüse und Petersilie in eine Glasform (1,5 l Inhalt) schichten. Für den Sud Brühe, Wein, Essig und Gewürze aufkochen. Etwas abkühlen lassen und durch ein Sieb gießen. Gelatine in kaltem Wasser einweichen, ausdrücken und im warmen Essig-Weinsud auflösen. Über das Gemüse gießen und im Kühlschrank erstarren lassen. Vorm Stürzen die Form kurz in heißes Wasser stellen.

*Pro Portion ca.
170 Kalorien/714 Joule*

Gefüllter Putenrollbraten
(8 Portionen)

1 Putenbrust (ca. 2 kg)
200 ml Öl
Saft von 2 Zitronen
Salz, Pfeffer
300 g Porree
150 g gekochter Schinken
30 g Pinienkerne

Putenbrust kalt abspülen, trockentupfen und in einen großen Gefrierbeutel legen. Öl, Zitronensaft und Gewürze verrühren und über das Fleisch gießen, Beutel verschließen. Am besten über Nacht im Kühlschrank marinieren. Fleisch aus dem Beutel nehmen und zu einer flachen Platte aufschneiden. Mit Salz und Pfeffer bestreuen. Porree putzen, längs halbieren, waschen. In Salzwasser 3 Minuten blanchieren, gut abtropfen lassen. Mit den Schinkenscheiben und grob gehackten Pinienkernen auf das Fleisch legen. Von der langen Seite her fest aufrollen. Mit Küchengarn zusammenbinden. Den Rollbraten auf die Fettpfanne legen. Im Backofen (E-Herd: 200 Grad; Gasherd: Stufe 3) 1 1/2 Stunden braten. Zwischendurch wenden und mit der Marinade begießen. Das

Fleisch vor dem Anschneiden in Alufolie wickeln und 10–15 Minuten ruhenlassen. Dazu schmeckt eine grüne Kräutersoße.

Pro Portion ca.
390 Kalorien/1638 Joule

> **TIP**
> Richten Sie die Fleischscheiben auf Wirsingkohl an: Dafür den ganzen Kohlkopf ca. 15 Minuten in Salzwasser blanchieren und abtropfen lassen. Die äußeren Blätter vorsichtig lösen und das Fleisch dazwischenlegen.

Obstsalat
(8 Portionen)

4 Kiwis
2 Mangos (700 g)
1 Karambole
1 Ogenmelone (500 g)
Für die Soße:
300 g Sahnejoghurt
Mark 1 Vanilleschote
4 EL Zucker
1 EL Zitronensaft
1 Bund Zitronenmelisse

Kiwis schälen, in Scheiben schneiden. Mangos schälen, Fruchtfleisch vom Stein schneiden, würfeln. Karambole waschen, in Scheiben schneiden. Melone halbieren, Kerne herauslösen und das Fruchtfleisch mit einem Kugelausstecher herausstechen. Vorbereitete Früchte mischen. Für die Soße Joghurt, Vanillemark, Zucker und Zitronensaft verrühren. Die Hälfte der Zitronenmelisse fein hacken, in die Soße geben und über den Salat gießen. Mit den restlichen Melisseblättchen garnieren.

Pro Portion ca.
180 Kalorien/756 Joule

Grüne Soße
(6–8 Portionen)

5 Päckchen TK-8-Kräutermischung, 50 ml Schlagsahne
4 EL Joghurt-Salatcreme
1 Knoblauchzehe
1 EL mittelscharfer Senf
Salz, Pfeffer
Cayennepfeffer

Kräutermischung mit Sahne und Salatcreme pürieren. Knoblauch abziehen, dazupressen. Senf unterrühren und mit Salz, Pfeffer, Cayennepfeffer abschmecken. Zum Putenrollbraten essen.

Pro Portion ca.
70 Kalorien/294 Joule

Tafelbrötchen
(16 Stück)

500 g Backmischung für Roggenmischbrot
1/2 Würfel frische Hefe (20 g) oder 1 Päckchen Trockenhefe
1 Eigelb
1 EL Milch
je 1 TL Leinsamen, Mohn, Sesamsamen

Backmischung mit zerbröckelter Hefe und ca. 300 ml lauwarmem Wasser zu einem Teig verarbeiten. Mit bemehlten Händen noch mal gut durchkneten. An einem warmen Ort 45 Minuten gehen lassen. Aus dem Teig 16 kleine Brötchen formen, auf ein mit Backpapier ausgelegtes Backblech legen. Eigelb und Milch verquirlen, Brötchen damit bestreichen. Mit Leinsamen, Mohn und Sesamsamen bestreuen. Im Backofen (E-Herd: 175 Grad; Gasherd: Stufe 2) 20–25 Minuten backen.

Pro Stück ca.
140 Kalorien/588 Joule

Gemüsequiche
(8 Stücke)

Für den Teig:
100 g Mehl
50 g gemahlene Haselnüsse
75 g Butter oder Margarine
1 Ei, 1/2 TL Salz
Für den Belag:
400 g Zucchini
1 Bund Lauchzwiebeln (150 g)
250 g Broccoli
30 g Butter oder Margarine
4 Scampi ohne Schale (ca. 300 g)
2 EL Öl, 2 Eier
100 ml Schlagsahne
1 Bund Petersilie
1 Bund Schnittlauch
Salz, Pfeffer

Teigzutaten verkneten und im Kühlschrank ca. 30 Minuten ruhenlassen. Eine Pie- oder Springform (Ø 26 cm) ausfetten, mit Teig auslegen, dabei einen kleinen Rand formen. Den Teigboden mit einer Gabel mehrmals einstechen. Im Backofen (E-Herd: 200 Grad; Gasherd: Stufe 3) 10 Minuten vorbacken. Für den Belag Zucchini, Lauchzwiebeln und Broccoli putzen und waschen. Zucchini und Lauchzwiebeln in Scheiben schneiden, Broccoli in Röschen zerteilen. Gemüse im heißen Fett 5 Minuten dünsten, auf dem Teigboden verteilen. Scampi kalt abspülen und längs halbieren. Im heißen Öl 2 Minuten anbraten, auf dem Gemüse verteilen. Eier, Sahne und gehackte Kräuter verrühren, mit Salz und Pfeffer würzen. Über Gemüse und Scampi gießen. Im Backofen (E-Herd: 200 Grad; Gasherd: Stufe 3) ca. 30 Minuten backen.

Pro Stück ca.
310 Kalorien/1302 Joule

> **TIP**
> Statt der teuren Scampi können Sie auch 150 g Grönlandkrabben nehmen.

Rot-grünes Bündnis: Für die Quiche werden Gemüse und Scampi auf Nußmürbeteig gebacken

Zum festlichen Auftakt

Es grünt so grün: In die pikante Cremesuppe gehören Spinat und Kräuter

Spinat-Kräuter-Suppe
(6–8 Portionen)

300 g Spinat
3 Bund Basilikum
3 Bund Petersilie, 1 Zwiebel
1 Knoblauchzehe, 2 EL Öl
1 1/2 Hühnerbrühe (Würfel oder Instant)
1 Bech. Schlagsahne (250 g)
1 Bech. Crème fraîche (150 g)
Salz, Pfeffer
3 Fleischtomaten (600 g)

Spinat waschen und putzen. Kräuter grob hacken (etwas Petersilie beiseite legen). Zwiebel und Knoblauch abziehen und würfeln. Beides im heißen Öl andünsten. Spinat und Kräuter zufügen und zusammenfallen lassen. Brühe angießen und ca. 10 Minuten kochen. Mit dem Pürierstab des Handrührgerätes zerkleinern. Sahne und Crème fraîche in die Suppe gießen und einmal aufkochen. Mit Salz und Pfeffer abschmecken. Tomaten kurz mit heißem Wasser übergießen, abschrecken, die Haut abziehen und die Kerne entfernen. Das Fruchtfleisch würfeln und in die Suppe geben. Restliche Petersilie darüberstreuen.

*Pro Portion ca.
250 Kalorien/1050 Joule*

> **TIP**
> Soll die Suppe etwas sämiger sein, einfach mit hellem Soßenbinder oder Kartoffelpüreeflocken andicken.

Salat mit Wachteleiern
(8 Portionen)

1 großer Kopf Friséesalat
250 g Kirschtomaten
500 g grüner Spargel, Salz
12 Wachteleier
Für die Marinade:
3 EL Weißweinessig
4 EL Öl
1/2 TL mittelscharfer Senf
Salz, Pfeffer, 1 Prise Zucker
1 Bund Petersilie
1 Bund Schnittlauch

Friséesalat putzen, waschen, abtropfen lassen und grob zerzupfen. Tomaten waschen und halbieren. Vom Spargel das untere Stangendrittel schälen, waschen und in wenig Salzwasser 10 Minuten dünsten. Die Stangen einmal durchschneiden. Wachteleier 3 Minuten kochen, abschrecken, pellen und halbieren. Friséesalat, Tomaten und Spargel in einer Schüssel oder auf einer Platte anrichten. Für die Marinade Essig, Öl, Senf und Gewürze verrühren. Petersilie hacken. Schnittlauch in feine Röllchen schneiden und zufügen. Marinade über den Salat gießen. Zum Schluß die Eihälften darauf verteilen.

*Pro Portion ca.
130 Kalorien/546 Joule*

> **TIP**
> Wachteleier haben eine besonders dünne Schale. Damit sie beim Kochen nicht platzen, wird der Topf mit 2–3 Lagen Küchenpapier ausgelegt. Darauf kommen die Eier und das Wasser. Sollten Sie keine Wachteleier bekommen – normale Hühnereier tun's natürlich auch.

Käse-Eier
(16 Stück)

250 g reifer Camembert
100 g Doppelrahmfrischkäse
(60 Prozent Fett)
1 Zwiebel
1/2 Bund Majoran
1/2 Bund Petersilie
Salz, Pfeffer
Paprikapulver, edelsüß
75 g Haselnußblättchen
2 Kästen Kresse

Camembert entrinden, mit einer Gabel zerdrücken. Mit dem Frischkäse verrühren. Zwiebel und Kräuter fein hacken, unter den Käse heben. Pikant würzen. Aus der Masse mit 2 feuchten Teelöffeln kleine Eier formen und in den Nüssen wenden. Kresse mit einer Schere abschneiden und die Käse-Eier darauf anrichten.

*Pro Stück ca.
100 Kalorien/420 Joule*

Grüner Spargel, Tomaten und Wachteleier sind die Hauptzutaten für diesen feinen Salat

Frisch wie der Frühling: Käse-Eier auf Kresse

BRUNCH *perfekt geplant*

So müssen Sie sich Ostern garantiert nicht abhetzen: Am Vortag werden die Eiersülze, Kräutersoße, Käse-Eier, Obst- und bunter Salat (beides ohne Marinade) zubereitet und im Kühlschrank aufbewahrt. Am Ostermorgen kommt zuerst der Putenrollbraten in den Backofen, danach Brötchen und Brioches (paßt beides auf ein Blech), und zum Schluß wird die Gemüsequiche gebacken. Wenn sie fertig ist, im heißen Ofen den Putenbraten noch mal kurz aufwärmen (er schmeckt aber auch kalt).

Kräuterbrioche
(6 Stück)

30 g Zucker
1/2 Würfel frische Hefe oder
1 Päckchen Trockenhefe
250 g Mehl, 50 ml Milch
1 Prise Salz, 3 Eier
2 Zwiebeln
10 g Butter oder Margarine
1 Bund Petersilie
1 Bund Majoran
150 g Butter
Fett für die Formen, 1 Ei

Zucker, zerbröckelte Hefe, 3 EL Mehl und lauwarme Milch verrühren. Zugedeckt an einem Ort 20 Minuten gehen lassen. Restliches Mehl, Salz und Eier verkneten. Hefeteigansatz zugeben und gut verkneten. Zwiebeln abziehen und würfeln. Im heißen Fett glasig dünsten. Abkühlen lassen. Kräuter hacken. Weiches Fett stückchenweise mit den Kräutern und Zwiebeln unter den Teig kneten. Zugedeckt noch mal 1 Stunde gehen lassen. Auf einer bemehlten Arbeitsfläche noch einmal durchkneten. In 7 Stücke teilen. 6 in gefettete Briocheformen geben und jeweils in die Mitte eine kleine Mulde drücken. Aus dem restlichen Teig 6 kleine Kugeln formen und in die Mulden setzen. Noch einmal 30 Minuten gehen lassen. Brioches mit verquirltem Ei bestreichen und im Backofen (E-Herd: 175 Grad; Gasherd: Stufe 2) 20–25 Minuten backen.

*Pro Stück ca.
450 Kalorien/
1890 Joule*

TIP

Wer keine Briocheförmchen hat, kann auch eine große Brioche backen. Dafür den Boden einer Auflaufform (Ø ca. 20 cm) fetten. Aus dem Teig eine große und eine kleine Kugel formen und in die Form legen. 30 Minuten gehen lassen, dann mit verquirltem Ei bestreichen. Im Backofen ca. 35–40 Minuten backen. Nach etwa 25 Minuten mit Backpapier abdecken.

Durch gehackte Kräuter kriegen die Brioches ein besonders feines Aroma

Zum festlichen Auftakt

Die raffinierten „Appetizer" lassen sich gut vorbereiten. Zum Beispiel die Gemüsesülze mit Kaviardip, der gefüllte Camembert, die Gorgonzolaschälchen, die bunten Eier (Rezept siehe Seite 23) und die Hasenbrötchen. Nur der Salat mit Krabben kommt frisch auf den Tisch

Bunte BUFFETS

Zugegeben – ganz von allein steht dieses Buffet nicht auf dem Tisch. Aber weil sich das meiste gut vorbereiten läßt, ist alles halb so wild. Außerdem: Gehen Sie doch einfach nach dem Lustprinzip vor und kochen nur Ihre Favoriten – je nach Zeit.

Hasenbrötchen
(ca. 12 Stück)

250 g Mehl
1 Päckchen Backpulver
2 EL gemahlene Mandeln
1 TL Salz
125 g Magerquark
1 Ei, 4 EL Milch, 4 EL Öl
Für die Verzierung:
einige Korinthen
halbierte abgezogene Mandeln, 1 Eigelb, 1 EL Milch

Teigzutaten miteinander zu einem festen Teig verkneten. Aus dem Teig kleine Kugeln formen, etwas Teig beiseite stellen. Jeweils zwei zusammen auf ein mit Backpapier ausgelegtes Blech legen. Aus restlichem Teig kleine Hasenohren formen, an den Kopf setzen. Mandelhälften darauf drükken und mit Korinthen kleine Augen auf den Kopf setzen. Die Hasen mit dem mit Milch verrührten Eigelb bepinseln. Im Ofen (E-Herd: 200 Grad; Gasherd: Stufe 3) ca. 15 Minuten backen.

Pro Stück ca.
150 Kalorien/630 Joule

Gemüsesülze mit Kaviardip
(8 Portionen)

1 Paket tiefgefrorener
Broccoli (300 g)
1 rote Paprikaschote (200 g)
1/2 Dose Maiskörner (120 g)
3 hartgekochte Eier
1/2 Bund glatte Petersilie
2 Gläser Geflügelfond
(à 400 ml)
1/8 l Weißweinessig
2 TL Salz, 2–3 EL Zucker
14 Blatt weiße Gelatine
Für den Dip:
1 Becher Schmand (200 g)
1 Becher Sahnequark (250 g)
100 ml Schlagsahne
Saft 1/2 Zitrone
Salz, Pfeffer, 1 Prise Zucker
1 Bund Dill, 50 g Forellenkaviar

Broccoli auftauen lassen, evtl. etwas kleiner schneiden. Paprika putzen, waschen und in Streifen schneiden. Mais abtropfen lassen. Alles Gemüse mit den Eischeiben und Petersilienblättchen in eine kalt ausgespülte Form (z.B. Eisbombenform) schichten. Geflügelfond mit Essig, Salz und Zucker erwärmen. Eingeweichte, ausgedrückte Gelatine darin auflösen und die Flüssigkeit über das Gemüse gießen. Die Sülze im Kühlschrank fest werden lassen. Für den Dip Schmand mit Quark, Sahne, Zitronensaft, Gewürzen und gehacktem Dill verrühren. Kaviar darauf geben.

Pro Portion ca.
240 Kalorien/1008 Joule

Bunter Salat mit Krabben
(8 Portionen)

1 Kopf Lollo rosso
1 kleiner Friséesalat
150 g Feldsalat
250 g Kirschtomaten
1 Avocado (300 g)
1/2 Bund grüner Spargel
(250 g)
200 g Tiefseekrabbenfleisch
Für die Marinade:
Saft 1/2 Zitrone
5 EL Weißweinessig
6 EL Olivenöl
2 TL mittelscharfer Senf
Salz, Pfeffer, 1 Prise Zucker
1 Bund Schnittlauch

Salate putzen, waschen, grob zerzupfen und abtropfen lassen. Tomaten waschen, halbieren. Avocado schälen, entkernen und in Spalten schneiden. Spargel putzen und in wenig Salzwasser 10–15 Minuten garen. Evtl. etwas kleiner schneiden. Alle Zutaten mit den Krabben auf einer Platte anrichten. Marinadenzutaten verrühren, darüber gießen. Schnittlauch in Röllchen schneiden, über den Salat streuen.

Pro Portion ca.
200 Kalorien/840 Joule

Gefüllter Camembert
(2 Stück)

2 kleine Camemberts
(à 200 g)
Für die Füllung:
200 g Kräuter-Doppelrahmfrischkäse
1 Paket tiefgefrorene Salatkräuter (25 g)
2 EL gehackte Haselnüsse
Salz, Pfeffer, Paprikapulver
2 Petersilienzweige

Camemberts jeweils einmal quer halbieren. Für die Füllung Frischkäse mit Salatkräutern, Haselnüssen und Gewürzen verrühren. Die Masse halbieren und jeweils eine Hälfte auf einen halbierten Camembert streichen. Mit zweiter Käsehälfte abdecken. Den Rand glattstreichen und den Käse mit etwas Paprikapulver bestäuben. Mit Petersilienzweigen belegen.

Pro Käse ca.
1000 Kalorien/4200 Joule

Gorgonzolaschälchen
(24 Stück)

350 g Gorgonzola
2–3 EL Milch
1 Paket tiefgefrorene italienische Kräuter (25 g)
Salz, Pfeffer
1 Paket Mini-Croustades
(24 Stück; 50 g)
Zur Verzierung:
1 EL gefüllte grüne Oliven
1/2 Bund Radieschen
50 g grüne kernlose Trauben

Gorgonzola mit Milch, Kräutern und Gewürzen verrühren. Die Creme in einen Spritzbeutel mit Sterntülle füllen und in die Croustades spritzen. Mit zerkleinerten Oliven, Radieschen und Trauben garnieren.

Pro Portion ca.
70 Kalorien/294 Joule

Mokka-Eierlikör-Mousse
(8 Portionen)

2 Pakete Mousse au chocolat
(für je 1/4 l Milch)
2 Pakete Vanille-Mousse (für je 1/4 l Milch)
875 ml Milch
3 TL Instant Espressopulver
1/8 l Eierlikör
2 EL Schokoladenraspel

Mousse au chocolat und 1/2 Liter Milch 3 Minuten mit den Schneebesen des Handrührgerätes aufschlagen, in eine Glasschale füllen. Vanille-Mousse mit der restlichen Milch und dem Eierlikör ebenfalls aufschlagen und auf die Mousse au chocolat geben. Mit Schokoladenraspeln bestreuen. Im Kühlschrank fest werden lassen.

Pro Portion ca.
300 Kalorien/1260 Joule

Schnell gemacht für das süße Ende: Die Mokka-Eierlikör-Mousse kann schon am Vortag vorbereitet werden

Praktisch: Der Lammtopf mit den eingeschichteten Zutaten schmort alleine

Lammtopf
(8 Portionen)

2 kg Lammkeule ohne Knochen
750 g Möhren
400 g Champignons
750 g Tomaten
350 g Schalotten
4 Knoblauchzehen
150 g schwarze Oliven
Salz, Pfeffer, 2 Lorbeerblätter
1 EL Kräuter der Provence
1 Bund glatte Petersilie
200 ml trockener Rotwein
3 EL Olivenöl

Lammfleisch häuten bzw. das Fett abschneiden und würfeln. Möhren putzen, waschen, grob zerkleinern. Champignons putzen, vierteln. Tomaten waschen, vierteln. Schalotten und Knoblauch abziehen, Knoblauch in Stifte schneiden. Lammfleisch mit Möhren, Schalotten, Knoblauch, Gewürzen, 1/2 Bund Petersilienstengeln und Oliven in einen großen Bräter schichten. Rotwein angießen und mit Öl beträufeln. Alles im geschlossenen Topf im Backofen (E-Herd: 250 Grad; Gasherd: Stufe 4) 2 1/2 bis 3 Stunden garen. Nach 1 Stunde die Pilze zugeben, mitgaren. 30 Minuten vor Ende der Garzeit die Tomaten zufügen, weitergaren. Den Lammtopf noch mal abschmecken. Mit restlicher gehackter Petersilie bestreuen. Dazu paßt Baguette.

*Pro Portion ca.
750 Kalorien/3150 Joule*

Feine Erbsensuppe
(8 Portionen)

1 Zwiebel
450 g tiefgefrorene Erbsen
1 EL Butter oder Margarine
1 l Gemüsebrühe
1 Becher Schlagsahne (250 g)
1 Becher Kräuter-Crème fraîche (125 g)
Salz, Pfeffer
etwas heller Soßenbinder
3 hartgekochte Eier
1/2 Bund Basilikum

Zwiebel abziehen, fein würfeln und mit den Erbsen im heißen Fett andünsten. Brühe angießen. 5 Minuten garen, pürieren. Sahne und Crème fraîche einrühren. Würzen und evtl. mit Soßenbinder andicken. Mit gehacktem Ei und Basilikum bestreuen.

*Pro Portion ca.
240 Kalorien/1008 Joule*

Cool geplant, kommen die Gerichte heiß aufs Buffet. Die Erbsensuppe wird schon Tage vorher gekocht, eingefroren und nur noch erhitzt

Mit Kräuterfüllung: Eier, die's in sich haben

Spinatkuchen
(12 Stücke)

1 Paket tiefgefrorener Blätterteig (450 g)
2 EL Paniermehl
4 Pakete tiefgefrorener Blattspinat (à 300 g)
50 g Mandelsplitter
300 g Schafskäse
1 Becher Schmand (200 g)
1 Becher Schlagsahne (250 g)
4 Eier, 1 Knoblauchzehe
Salz, Pfeffer
1 Prise Muskatnuß

Aufgetauten Blätterteig auf bemehlter Arbeitsfläche in Backblechgröße ausrollen. Ein Backblech mit Backpapier auslegen. Blätterteig darauf legen, Ränder hochziehen. Paniermehl auf den Boden streuen. Aufgetauten, abgetropften Spinat, Mandeln und gewürfelten Schafskäse darauf verteilen. Schmand mit Sahne, Eiern, gepreßtem Knoblauch und Gewürzen verrühren, darüber gießen. Im Backofen (E-Herd: 200 Grad; Gasherd: Stufe 3) 40–45 Minuten backen.

Pro Stück ca.
350 Kalorien/1470 Joule

Avocado-Spargelsalat mit Eiern
(8 Portionen; ohne Foto)

3 weiche Avocados (à 300 g)
1 Zitrone, je 250 g weißer und grüner Spargel
250 g weiße Champignons
1 Kopf Salat, 3 harte Eier
1 Kästchen Kresse, 4 EL Traubenkernöl, Pfeffer, Salz

Avocados schälen, entkernen, in Spalten schneiden und mit etwas Zitronensaft beträufeln. Spargel putzen bzw. schälen und in Salz-Zitronenwasser 15 bis 20 Minuten kochen. Abtropfen lassen. Champignons putzen, waschen und in Scheiben schneiden. Salat putzen waschen, gut abtropfen lassen. Auf 8 Teller verteilen, Zutaten darauflegen. Eier pellen, fein würfeln. Über den Salat geben. Kresse darüberstreuen. Öl und Essig verschlagen, würzen, über den Salat träufeln.

Pro Portion ca.
300 Kalorien/1260 Joule

Gefüllte Eier
(16 Stück)

16 Eier
Für die Kräuterfüllung:
125 g Kräuter-Doppelrahmfrischkäse
2–3 EL Schlagsahne
Salz, Pfeffer
je 1/2 Bund Petersilie u. Dill
etwas Schnittlauch
Für die Paprikafüllung:
125 g Sahnequark
2 EL Paprikamark, Salz, Pfeffer
Paprikapulver, edelsüß

Eier 10 Minuten hart kochen. Zur Hälfte pellen, den Deckel abschneiden und das Eigelb herauslösen. Für die Kräuterfüllung Frischkäse mit Sahne, Gewürzen und 8 Eigelben verrühren. Gehackte Kräuter unterrühren, die Creme in 8 Eier spritzen. Für die Paprikafüllung den Quark mit Paprikamark, den restlichen Eigelben und Gewürzen verrühren und in die übrigen Eier spritzen.

Pro Stück ca.
120 Kalorien/504 Joule

SO GIBT'S KEINEN STRESS

Das läßt sich einfrieren:
- Hasenbrötchen – müssen nach dem Auftauen aufgebacken werden.
- – Erbsensuppe – nach dem Erhitzen mit Eiwürfeln und Basilikum bestreuen.

Das wird am Vortag vorbereitet:
- Gemüsesülze und Fruchtgelee – beides im Kühlschrank erstarren lassen.
- Kaviardip, Camembert-Füllung, Gorgonzolacreme, Eierfüllungen - alles im Kühlschrank aufbewahren (Dip ohne Kaviar).
- Mokka-Eierlikör-Mousse
- Lammfleisch – häuten, würfeln, kühl stellen.

Das passiert Ostermorgen:
- Brötchen aufbacken.
- Cremes in Camemberts, Mini-Croustades und Eier füllen.
- Spinatkuchen vorbereiten und backen.
- Lammtopf einschichten, drei Stunden vorher in den Backofen schieben.
- Salat zubereiten, erst kurz vorher mit Marinade beträufeln.
- Erbsensuppe erwärmen, vorm Essen Eiwürfel und Basilikum hineingeben.

Frisch aus dem Backofen ein Hochgenuß: Spinatkuchen

Traditionell für sechs: Lammkeule mit Bohnen-Tomaten-Gemüse und Kartoffeln. Vorweg: gratinierter Ziegenkäse. Der paßt übrigens auch zu den anderen Gerichten

LAMM*keule* SCHWEINE*medaillons* PUTEN*rouladen*

Zu den Klassikern unter den Festmenüs zählt die Lammkeule, ein traditioneller Osterschmaus für die größere Runde. Für den kleinen Kreis können es zarte Schweinemedaillons oder auch Putenrouladen sein. Und wem danach der Sinn nach Süßem steht: Gefüllte Windbeutel und Tiramisù-Torte werden garantiert jeden begeistern - nicht nur an Feiertagen.

Vorspeise:

Gratinierter Ziegenkäse
(6 Portionen)

*1 großer Eichblattsalat
1 1/2 unbehandelte Zitronen, Salz, Pfeffer, Zucker, 8 EL Öl
1 kleine Zwiebel
6 Scheiben Toastbrot
80 g Butter oder Margarine
2 Knoblauchzehen
6 kleine Ziegenfrischkäse
(à 40 g)
1 Bund Basilikum*

Salat waschen, abtropfen lassen. Zitronen heiß abspülen, von einer die Schale abreiben. Zitronen auspressen. Saft und Schale mit Gewürzen und Öl verrühren. Zwiebel abziehen, fein würfeln und in die Salatsoße geben. Toastbrot würfeln. Im heißen Fett rösten. Knoblauch abziehen und dazupressen. Käse auf ein mit Backpapier ausgelegtes Blech legen und 5 Minuten unter dem Grill oder im Backofen nur mit Oberhitze goldbraun überbacken. Salat mit der Marinade vermengen. Käse darauf anrichten. Mit Brotwürfeln und gehacktem Basilikum bestreuen.

*Pro Portion ca.
400 Kalorien / 1680 Joule*

Hauptgerichte:

Marinierte Lammkeule
(6 Portionen)

*1 Lammkeule mit Knochen
(ca. 2 kg)*
Für die Marinade:
*3 Knoblauchzehen
1 EL Pfefferkörner
2 Zweige Rosmarin
2 unbehandelte Zitronen
1/4 l Olivenöl, Salz, Pfeffer*
Außerdem:
*2 EL Olivenöl
1/4 l Weißwein
1,3 kg kleine Kartoffeln
1 Prise Zucker*

Lammkeule kalt abspülen, trockentupfen und in einen Gefrierbeutel legen. Knoblauch abziehen und mit Pfefferkörnern und 1 Zweig Rosmarin zum Fleisch geben. 1 Zitrone abspülen, die Schale mit einem Juliennereißer abziehen. Beide Zitronen auspressen. Saft und Schale mit dem Olivenöl zum Fleisch geben, den Beutel verschließen und die Lammkeule im Kühlschrank über Nacht marinieren. Die Keule aus der Marinade nehmen, trockentupfen und mit Salz und Pfeffer einreiben. Öl in einem Bräter erhitzen. Das Fleisch darin kräftig anbraten und im Backofen auf der untersten Einschubleiste (E-Herd: 200 Grad; Gasherd: Stufe 3) 1 Stunde und 45 Minuten braten. Nach 30 Minuten den Wein angiessen. Fleisch zwischendurch mit Bratensaft beträufeln. Kartoffeln schälen, waschen und nach 1 Stunde in den Bräter geben, mit Salz, Pfeffer und restlichem Rosmarin würzen, weitergaren. Kartoffeln und Lammkeule aus dem Bräter nehmen. Bratensaft evtl. mit etwas Wasser aufkochen, mit Salz, Pfeffer und Zucker abschmecken. Beilage: Bohnen-Tomaten-Gemüse.

*Pro Portion ca.
900 Kalorien / 3780 Joule*

Raffiniert für zwei: kurzgebratene Schweinemedaillons mit einem Blauschimmelkäse überbacken, dazu Austernpilze

Fein für vier: Putenrouladen mit Kräuterfüllung und Spinatsoße. Als Beilage schmecken Röstkartoffeln oder Schupfnudeln (gibt es im Frischepack fertig zu kaufen)

Bohnen-Tomaten-Gemüse
(6 Portionen)

350 g grüne Bohnen, Salz
350 g Tomaten
1 Dose italienische große weiße Bohnen (250 g)
1 Knoblauchzehe
1 Zwiebel, 2 EL Olivenöl
75 ml Weißwein
1/8 l Gemüsebrühe
1/2 Bund Thymian, Pfeffer

Grüne Bohnen waschen, putzen, evtl. einmal durchschneiden und in kochendem Salzwasser 5 Minuten blanchieren. Tomaten mit kochendem Wasser überbrühen, häuten, entkernen und in Spalten schneiden. Weiße Bohnen abtropfen lassen. Knoblauch und Zwiebel abziehen, fein würfeln und im heißen Öl andünsten. Weiße Bohnen zugeben, andünsten. Wein, Brühe und gehackten Thymian zufügen, aufkochen und 5 Minuten dünsten. Tomaten und grüne Bohnen unterheben. Das Gemüse mit Salz und Pfeffer würzen. Tip: Wer keine frischen grünen Bohnen bekommt, kann auch tiefgefrorene nehmen.

Pro Portion ca.
200 Kalorien/840 Joule

Putenroulade in Kräutersahne
(4 Portionen)

4 dünne Putenschnitzel (600 g), Salz, Pfeffer
2 Bund glatte Petersilie
30 g Pinienkerne
1 Becher Kräuter-Crème fraîche (150 g)
1 Paket tiefgefrorene 8-Kräuter-Mischung (25 g)
2 EL Öl, 2 EL Weißwein
1/8 l Geflügelfond
50 g Blattspinat

Schnitzel abspülen, trockentupfen, salzen und pfeffern. 1 Bund Petersilie hakken, Pinienkerne in einer Pfanne rösten. Beides mit 1/2 Becher Kräuter-Crème fraîche und der 8-Kräuter-Mischung verrühren. Mit Salz und Pfeffer würzen, auf die Schnitzel streichen, aufrollen und feststecken. Rouladen im heißen Öl anbraten. Wein und Geflügelfond angießen, 20 Minuten schmoren. Rouladen aus dem Schmorfond nehmen, warm stellen. Spinat und restliche Petersilie waschen, zum Schmorfond geben und mit dem Schneidstab des Handrührgerätes pürieren. Restliche Crème fraîche einrühren. Mit Salz und Pfeffer würzen. Dazu: Röstkartoffeln oder Schupfnudeln.

Pro Portion ca.
400 Kalorien/ 1680 Joule

Überbackene Schweinemedaillons
(2 Portionen)

250 g Austernpilze
1 Bund Lauchzwiebeln
2 EL Butter oder Margarine
50 ml Weißwein
2 EL Crème fraîche
Salz, Pfeffer
1/2 Bund glatte Petersilie
2 Schweinemedaillons (280 g)
50 g Blauschimmelkäse

Pilze putzen und kleinschneiden. Die Lauchzwiebeln putzen, waschen und in Stücke schneiden. Pilze und Zwiebeln in 1 EL heissem Fett andünsten. Wein angießen, Crème fraîche einrühren, mit Salz und Pfeffer würzen und mit gehackter Petersilie bestreuen. Die Schweinemedaillons abspülen, trockentupfen und im restlichen Fett auf beiden Seiten 3–5 Minuten braten. Mit Salz und Pfeffer würzen. Je eine Scheibe Käse auf die Medaillons legen. In der geschlossenen Pfanne schmelzen lassen. Mit dem Pilzgemüse anrichten. Dazu schmeckt Langkorn-Wildreismischung.

Pro Portion ca.
500 Kalorien/ 2100 Joule

Dessert:

Tiramisù-Torte
(12 Stücke)

Für den Biskuitteig:
3 Eier, 1 Prise Salz
90 g Zucker, 50 g Mehl
40 g Speisestärke
1/2 TL Backpulver
Für die Füllung:
3 TL Espressopulver (Instant)
75 ml Amaretto
250 g Magerquark
500 g Mascarpone
50 g Zucker
3 Blatt weiße Gelatine
200 g Schlagsahne
1 Päckchen Vanillinzucker
Zum Verzieren:
1 EL Puderzucker, 1 EL Kakao
12 Trüffel-Pralinen

Eier trennen. Eiweiß mit 3 EL kaltem Wasser steif schlagen. Dabei Salz und Zucker einrieseln lassen. Eigelb unterrühren. Mehl, Stärke und Backpulver darüber sieben und unterheben. In eine mit Backpapier ausgelegte Springform (Ø 26 cm) füllen und im Backofen (E-Herd: 175 Grad, Gasherd: Stufe 2) 25–30 Minuten backen, auskühlen lassen. Espresso mit 100 ml kochendem Wasser und 2 EL Amaretto verrühren. Quark mit Mascarpone, Zucker und restlichem Amaretto verrühren. Gelatine einweichen, ausdrücken und bei milder Hitze auflösen. Unter die Mascarponecreme ziehen. Sahne mit Vanillinzucker steif schlagen, unter die Creme heben und 10 Minuten kalt stellen. Biskuitboden quer halbieren. Den unteren Boden mit etwas Creme bestreichen. Zweiten Boden darauf legen und mit dem Espresso tränken. Restliche Creme auf der Torte verteilen, dabei auch den Rand mit bestreichen. Im Kühlschrank festwerden lassen. Mit Puderzucker und Kakao bestäuben. Trüffel-Pralinen auf den Rand setzen.

Pro Stück ca.
450 Kalorien/1890 Joule

Windbeutel mit Zitronensahne
(12 Stück)

Für den Brandteig:
50 g Butter oder Margarine
1 Prise Salz
150 g Mehl, 4 Eier
1/2 TL Backpulver
Für die Füllung:
2 Becher Schlagsahne (500 g)
75 g Zucker
1 Päckchen Vanillinzucker
6 Blatt weiße Gelatine
1 unbehandelte Zitrone
Puderzucker zum Bestäuben

Für den Teig 1/4 l Wasser mit Fett und Salz aufkochen. Mehl auf einmal zugeben und alles so lange verrühren, bis sich der Teig vom Topfboden löst. Teig etwas abkühlen lassen. Die Eier nacheinander unterrühren. Mit dem letzten Ei das Backpulver zufügen. Teig in einen Spritzbeutel mit großer Sterntülle füllen. Auf ein mit Backpapier ausgelegtes Blech 12 Teigstreifen spritzen und im Backofen (E-Herd: 200 Grad; Gasherd: Stufe 3) 30–40 Minuten backen. Sofort durchschneiden. Das geht am besten mit einer Schere. Sahne steif schlagen. Zucker und Vanillinzucker unterrühren. Gelatine einweichen, ausdrücken und bei milder Hitze auflösen. Mit der Sahne verrühren. Abgeriebene Zitronenschale und Zitronensaft unterziehen. Creme im Kühlschrank halbfest werden lassen. In einen Spritzbeutel mit Sterntülle füllen und die Masse in die unteren Brandteighälften spritzen. Die oberen Hälften darauf setzen. Mit Puderzucker bestäuben.

Pro Stück ca.
260 Kalorien/1092 Joule

Machen Sie's wie die Italiener: Reichen Sie zum Nachtisch Torte und Gebäck. Die Windbeutel und die himmlische Tiramisù-Torte können fraglos mit jedem Dessert konkurrieren…

Mit diesem Menü kommen Sie ganz groß raus: Auftakt ist eine kräftige Hühnerbrühe mit Spargel und Eierstich, dann geht's weiter mit gebackenem Lachs in Salzkruste. Dazu gibt es einen bunten Salat und Dill-Sahne-Kartoffeln

LACHS *in Salzkruste*

Für Fisch-Fans eine Offenbarung, für Naschkatzen der Himmel auf Erden: ein pikantes Lachsgericht und zum Dessert oder nach dem Spaziergang köstlicher Kuchen – wer gerät da nicht in Festtagsstimmung?

Vorspeise:

Frühlingssuppe
(6 Portionen; ohne Foto)

<u>Für die Brühe:</u>
1 Suppenhuhn (1,5 kg)
1 Bund Suppengemüse
1 Zwiebel, 1 Knoblauchzehe
2 Bund Petersilie
250 g weißer Spargel
2 TL Salz
1 TL Pfefferkörner
1 Lorbeerblatt
<u>Für den Eierstich:</u>
100 ml Milch; 2 Eier
Salz, Muskat, Pfeffer
Fett für die Förmchen
<u>Für die Einlage:</u>
150 g Möhren
100 g Zuckerschoten
20 g Butter oder Margarine

Huhn abspülen und trockentupfen. Suppengemüse putzen, waschen und grob zerkleinern. Zwiebel und Knoblauch abziehen und halbieren. Petersilie abspülen, trockentupfen und die Blätter von den Stielen zupfen, beiseite stellen. Spargel waschen und schälen. Die Stangen in feuchtes Küchenpapier wickeln und ebenfalls beiseite stellen. Huhn, Gemüse, Petersilienstiele, Spargelschalen und Gewürze mit 1 3/4 l Wasser zum Kochen bringen. Abschäumen und 1 1/4 Stunden kochen. Für den Eierstich Petersilienblätter hakken, Milch zufügen und mit einem Pürierstab pürieren. Mit den Eiern verquirlen, mit Salz und Muskat würzen. 2 kleine Förmchen oder Tassen ausfetten und den Eierstich hineingießen. In einen Topf stellen und bis zur Hälfte der Förmchen Wasser angießen. Wasser zum Sieden bringen, Herd ausschalten und zugedeckt 20 Minuten ziehen lassen. Eierstich auskühlen lassen, erst dann stürzen und würfeln. Für die Einlage Möhren schälen und in Scheiben schneiden. Zuckerschoten putzen, waschen und einmal durchschneiden. Spargel in Stücke schneiden, Köpfe beiseite stellen. Hühnerbrust von Haut und Knochen lösen, in Stücke schneiden. Brühe durchsieben und entfetten. Möhren im heißen Fett andünsten, 1 1/2 l Brühe angießen und aufkochen. Möhren 10 Minuten, Spargelstücke 7 Minuten, Spargelköpfe 5 Minuten und Zuckerschoten 3 Minuten mitgaren. Hühnerbrust und Eierstich kurz in der Suppe erwärmen. Mit Salz, Pfeffer und Muskat abschmecken.

Pro Port. ca. 180 Kalorien, 28 g Eiweiß, 7 g Fett, 8 g Kohlenhydrate; Zubereitungszeit: ca. 2 Std.

> **TIP**
> So ist die Suppe mittags ruck, zuck fertig: Am Vortag kochen Sie schon Brühe und Eierstich, schnipseln Gemüse und Hühnerfleisch klein. Vor dem Essen müssen Sie nur noch das Gemüse in der Brühe garen.

Hauptgericht:

Lachs in Salzkruste
(6 Portionen)

1 küchenfertiger Lachs (ca. 2 kg), Zitronensaft
Salz, Pfeffer
je 1 Bund Petersilie und Thymian, 2 Zweige Rosmarin
2,5 kg grobes Meersalz
3 Eiweiß

Lachs gründlich unter fließendem kalten Wasser abspülen. Fisch innen mit Zitronensaft beträufeln und mit Salz und Pfeffer würzen. Abgespülte Kräuter in den Fisch legen. 1 kg Meersalz auf ein Backblech streuen und den Fisch darauf legen. Restliches Salz mit Eiweiß und 5 Eßlöffel kaltem Wasser verrühren. Die Masse auf und um den Fisch verteilen, etwas andrücken. Im Backofen (E-Herd: 175 Grad; Gasherd: Stufe 2) 40–45 Minuten garen.

Pro Port. ca. 340 Kalorien, 32 g Eiweiß, 21 g Fett, 0 g Kohlenhydrate; Zubereitungszeit: ca. 1 Std.

> **TIP**
> So geht's dem Fisch ans Fleisch: Mit dem Rand eines Eßlöffels kräftig auf die Salzkruste schlagen, bis sie springt. Dann die Kruste stückchenweise vorsichtig abheben und das restliche Salz sorgfältig entfernen.

Gemischter Salat
(6 Portionen)

je 1 Eichblatt- und Römersalat
150 g Kirschtomaten
1/2 Bund Lauchzwiebeln
150 g Rosé-Champignons
2 Möhren, 60 g Pinienkerne
<u>Für die Marinade:</u>
6 EL Olivenöl, 3 EL Obstessig,
Salz, Pfeffer, Zucker

Salate putzen, waschen, abtropfen lassen, in Stücke zupfen. Tomaten waschen, vierteln. Lauchzwiebeln putzen, in Ringe schneiden. Pilze putzen, in Scheiben schneiden. Möhren schälen, in Stifte schneiden. Vorbereitete Salatzutaten mischen. Pinienkerne in einer Pfanne ohne Fett rösten. Öl, Essig und Gewürze verrühren. Über den Salat geben. Geröstete Pinienkerne darüber streuen.

Pro Port. ca. 210 Kalorien, 3 g Eiweiß, 18 g Fett, 6 g Kohlenhydrate; Zubereitungszeit: ca. 30 Min.

Dill-Sahne-Kartoffeln
(6 Portionen)

1,2 kg Kartoffeln, Salz
1 Becher Schlagsahne (200 g)
1 Becher Schmand (200 g)
Pfeffer, 1 Bund Dill

Kartoffeln schälen, waschen und vierteln. In Salzwasser ca. 15 Minuten kochen. Sahne und Schmand verrühren und erwärmen, nicht kochen. Mit Salz und Pfeffer würzen. Gehackten Dill zugeben. Kartoffeln abgießen, Sahne darüber geben.

Pro Port. ca. 290 Kalorien, 3 g Eiweiß, 19 g Fett, 25 g Kohlenhydrate; Zubereitungszeit: ca. 30 Min.

Dessert:

Aprikosen-Blätterteig-Gebäck
(12 Stück)

1 Paket Blätterteig (450 g)
1 Paket Vanillepudding (für 1/2 l Flüssigkeit)
1/4 l Milch, 40 g Zucker

Fruchtig-Feines zum Dessert oder zum Kaffee am Nachmittag: Blätterteiggebäck mit Mascarponepudding und Aprikosen sowie Erdbeertorte mit Krokantsahne

250 g Mascarpone (ersatzweise Sahnequark), 1 kleine Dose Aprikosenhälfte (270 g)
1 Eiweiß, 1 Glas Aprikosenmarmelade (225 g)

Blätterteigscheiben antauen lassen. Puddingpulver mit 4 EL Milch und Zucker verrühren. Restliche Milch zum Kochen bringen. Angerührtes Puddingpulver einrühren, kurz aufkochen, etwas abkühlen lassen. Mascarpone unterrühren. Aprikosen abtropfen. Blätterteigscheiben halbieren und etwas ausrollen. In die Mitte je 1 EL Pudding geben. Die Ecken mit Eiweiß bestreichen, in die Mitte umschlagen, je 1 Aprikose darauf setzen. Auf ein mit Backpapier ausgelegtes Blech legen und im Ofen (E-Herd: 200 Grad; Gasherd: Stufe 3) ca. 12–15 Minuten backen. Marmelade in einem Topf erhitzen. Das Blätterteiggebäck damit bestreichen.

Pro Stück ca. 330 Kalorien, 4 g Eiweiß, 18 g Fett, 36 g Kohlenhydrate; Zubereitungszeit: ca. 50 Min.

Erdbeertorte
(12 Stücke)

1 kg Erdbeeren
<u>Für den Mürbeteig:</u>
100 g Mehl, 1 Msp. Backpulver, 60 g Butter oder Margarine, 30 g Zucker, 1 Eigelb
<u>Für den Biskuitboden:</u>
3 Eier, 120 g Zucker
1 Päckchen Vanillinzucker
45 g Stärke, 45 g Mehl
1/2 TL Backpulver
<u>Für die Füllung:</u>
100 g gehackte Haselnüsse
3 EL Zucker, Öl für ein Backblech, 400 ml Schlagsahne
Mark von 2 Vanilleschoten
50 g Zucker
3 Blatt weiße Gelatine

<u>Außerdem:</u>
2 EL Erdbeermarmelade
200 g Schlagsahne
1 Päckchen Vanillinzucker

Erdbeeren waschen, putzen und halbieren. Mürbeteigzutaten mit 3 EL kaltem Wasser verkneten. 30 Minuten kalt stellen. Ausrollen und in eine mit Backpapier ausgelegte Springform (Ø 24 cm) legen. Mehrmals mit einer Gabel einstechen. Im Backofen (E-Herd: 200 Grad; Gasherd: Stufe 3) ca. 20 Minuten backen. Abkühlen lassen. Für den Biskuitboden Eier trennen. Eiweiß mit 3 EL kaltem Wasser steif schlagen. Zucker, Vanillinzucker und Eigelb unterrühren. Restliche Zutaten unterheben. In eine mit Backpapier ausgelegte Springform (Ø 24 cm) füllen, im Backofen (E-Herd: 180 Grad; Gasherd: Stufe 2) ca. 30 Minuten backen. Abkühlen lassen und einmal durchschneiden. Für die Füllung Nüsse in einer Pfanne ohne Fett rösten, herausnehmen. 3 EL Zucker in der Pfanne schmelzen. Nüsse unterrühren, bis sich der Zucker gut verteilt hat. Die Krokantmasse auf ein geöltes Blech streichen, abkühlen lassen, zerbröseln. Sahne mit Vanillemark und Zucker steif schlagen. Gelatine 10 Minuten in kaltem Wasser einweichen, ausdrücken, in einem Topf auflösen. 2–3 EL der geschlagenen Sahne unter die Gelatine rühren, dann die Gelatine vorsichtig unter die restliche geschlagene Sahne heben. Nußkrokant unterrühren. Den Mürbeteigboden auf eine Tortenplatte legen, mit Erdbeermarmelade bestreichen. 1 Biskuitboden darauf legen. Einen Tortenring oder den Ring der Springform um die Böden legen. Krokantsahne auf den Biskuitboden streichen. Die Hälfte der Erdbeeren auf der Sahne verteilen. Den 2. Biskuitboden darauf legen. Mindestens 1 Stunde kühl stellen. Restliche Sahne mit Vanillinzucker steif schlagen. Tortenring entfernen. Torte mit der Sahne bestreichen. Restliche Erdbeeren auf der Torte verteilen. Evtl. noch mit Melisseblättchen verzieren.

Pro Stück ca. 430 Kalorien, 6 g Eiweiß, 24 g Fett, 43 g Kohlenhydrate; Zubereitungszeit: ca. 2 Std. (ohne Wartezeit)

> **TIP**
>
> *Die Erdbeertorte können Sie schon gut am Vortag zubereiten und im Kühlschrank aufbewahren. Am Festtag bestreichen Sie sie dann nur noch mit Sahne und verzieren sie frisch mit Erdbeeren und Melisseblättchen.*

Frühlingserwachen im BACKOFEN

Mit sahniger Kirschcreme oder mit würziger Schinkenfüllung: Crêpes

Zum Anbeißen schön: gebackener Osterkorb aus Hefeteig mit Eiern

Gewürfeltes Backobst macht den Müslizopf aus Hefeteig so saftig

Frühlingserwachen im Backofen 31

KNUSPRIGES *am Morgen*

Schlafen Sie am Ostersonntag in Ruhe aus – bis auf die Crêpes können Sie alles fürs gemütliche Frühstück schon am Vortag backen.

Eine süße Sache: Osterhasen-Brötchen mit Hagelzucker bestreut

Müslizopf
(24 Stücke)

250 g Mehl (Type 550)
250 g Mehl (Type 1050)
1 Würfel frische Hefe oder
1 Päckchen Trockenhefe
75 g Zucker
125 g Butter oder Margarine
1 TL Salz
circa 1/4 l Milch
200 g Backobst
100 g Sonnenblumenkerne
1 Eigelb
2 EL Haferflocken

Mehl, Hefe, Zucker, Fett und Salz in einer Schüssel mischen. Lauwarme Milch zufügen und alles zu einem festen Teig verkneten. Den Teig abdecken und an einem warmen Ort circa 20 Minuten gehen lassen. Backobst in feine Würfel schneiden, mit den Sonnenblumenkernen unter den Teig kneten. Den Teig in drei gleich große Stücke teilen, zu Rollen formen und daraus einen Zopf flechten. Mit verquirltem Eigelb bestreichen und mit Haferflocken bestreuen. Den Zopf nochmals 10–20 Minuten gehen lassen. Auf ein mit Backpapier ausgelegtes Blech legen. Im Backofen (E-Herd: 200 Grad, Gasherd: Stufe 3) 30–40 Minuten backen.

Pro Stück ca.
200 Kalorien/840 Joule

Gefüllte Crêpes
(12 Stück)

Für den Teig:
100 g Mehl
2 Eier
1 Prise Salz
50 g Butter oder Margarine
0,2 l Milch
Fett zum Braten
Für die süße Füllung:
200 g Mascarpone oder Sahnequark
150 g Doppelrahmfrischkäse
75 g Sauerkirschmarmelade
2 EL Milch
einige Minzeblättchen
Für die pikante Füllung:
2 Bund Dill
1 Bund Petersilie
1 TL mittelscharfer Senf
400 g körniger Frischkäse
Salz, Pfeffer
100 g gekochter Schinken

Teigzutaten verrühren und 20 Minuten quellen lassen. Im heißen Fett 12 dünne Crêpes (Pfannkuchen) bakken. Für die süße Füllung die Zutaten verrühren und mit gehackter Minze würzen. Für die pikante Füllung die Kräuter hacken und mit Senf zum Frischkäse geben. Verrühren und würzen, Schinken würfeln und zugeben. Jeweils die Hälfte der Crêpes mit der süßen und pikanten Masse füllen.

Pro Stück ca.
220 Kalorien/920 Joule

Osterhasen-Brötchen
(12 Stück)

Für den Teig:
250 g Mehl
1/2 Würfel frische Hefe oder
1 Päckchen Trockenhefe
40 g Zucker
1 Päckchen Vanillinzucker
Schale 1 Zitrone
1 Eigelb
1/2 TL Salz
60 g Butter oder Margarine
100 ml Milch
Zum Bestreichen:
1 Eigelb
1 EL Schlagsahne
3 EL Hagelzucker

Teigzutaten bis einschließlich des Fetts in einer Schüssel vermengen. Lauwarme Milch nach und nach zufügen und alles verkneten. Den Teig an einem warmen Ort circa 20 Minuten gehen lassen. Aus dem Teig 12 kleine Hasen formen. Eigelb und Sahne verrühren, Häschen damit bepinseln und mit Hagelzucker bestreuen. Im Backofen (E-Herd: 200 Grad, Gasherd: Stufe 3) 15–20 Minuten backen. Nach 10 Minuten mit Alufolie abdecken.

Pro Stück ca.
160 Kalorien/670 Joule

Rundstücke mit Pfiff: Die Brötchen aus Quark-Öl-Teig werden durch Apfel- und Zucchiniraspel besonders saftig

Rosinenbrötchen
(ca. 12 Stück)

Für den Teig:
300 g Mehl
1 Päckchen Backpulver
1 Prise Salz
75 g Zucker
1 Päckchen Vanillinzucker
5 EL Milch
5 EL Öl
150 g Magerquark
100 g Rosinen
Zur Verzierung:
1 Ei
2 EL Mandelsplitter

Teigzutaten in eine Schüssel geben und miteinander zu einem festen Teig verkneten. Aus dem Teig circa 12 kleine Brötchen formen und auf ein mit Backpapier ausgelegtes Blech legen. Mit verquirltem Ei bepinseln und mit Mandelsplittern bestreuen. Im Backofen (E-Herd: 200 Grad; Gasherd: Stufe 3) 15–20 Minuten backen.

Pro Stück ca.
200 Kalorien/840 Joule

Windbeutel mit Kräutercreme
(15 Stück; ohne Foto)

Für den Teig:
40 g Butter oder Margarine
1/2 TL Salz
150 g Mehl
3–4 Eier
1/2 TL Backpulver
Für die Füllung:
200 g Mascarpone (italienischer Frischkäse)
125 g Magerquark
Salz, Pfeffer, Paprika
1 Zwiebel (50 g)
1 Bund Petersilie
1 Bund Schnittlauch
3 Eier
2 TL Keta Kaviar
1 kleine Salatgurke (300 g)

Für den Teig 1/4 l Wasser, Fett und Salz aufkochen. Mehl auf einmal zufügen. So lange rühren, bis sich der Teig als Kloß vom Topfboden löst. Nach und nach Eier und Backpulver darunterrühren. Teig in einen Spritzbeutel mit Sterntülle füllen und kleine Häufchen auf ein mit Backpapier ausgelegtes Backblech spritzen. Im Backofen (E-Herd: 175 Grad, Gasherd: Stufe 2) 40 Minuten backen. Nach dem Backen sofort mit einer Schere aufschneiden, auskühlen lassen. Für die Füllung Mascarpone, Quark und Gewürze verrühren. Zwiebel abziehen, fein würfeln. Kräuter fein hacken, beides unter die Creme heben. Die Creme in die Windbeutel verteilen. Eier 10 Minuten hart kochen, pellen, achteln, Kaviar daraufgeben. Gurke abwaschen, in Scheiben schneiden. Windbeutel mit Eiern und Gurkenscheiben garnieren.

Pro Stück ca.
150 Kalorien/630 Joule

Gebackener Osterkorb

500 g Mehl
1/2 Würfel frische Hefe oder
1 Päckchen Trockenhefe
60 g Zucker
1 Päckchen Vanillinzucker
Schale 1 Zitrone, 1 Ei
1 EL Crème fraîche
50 g Butter oder Margarine
circa 1/8 l Schlagsahne
1 Eigelb, 1 EL Sahne

Zutaten bis einschließlich des Fetts in einer Schüssel vermengen. Lauwarme Sahne langsam zufügen, verkneten. Teig circa 20 Minuten gehen lassen. Auf einer leicht bemehlten Arbeitsfläche durchkneten. Aus dem Teig 20 Rollen (ca. 1 cm dick und ca. 40 cm lang) formen. 10 Rollen nebeneinanderlegen, die anderen 10 Rollen wie beim Stopfen quer durchziehen. Über eine runde, hitzebeständige Form (ca. 15 cm Ø) legen. Den Rand gerade schneiden. Eigelb und Sahne verquirlen, Korb damit bepinseln. Im Backofen (E-Herd: 200 Grad, Gasherd: Stufe 3) 20 Minuten backen. Den gebackenen Korb auskühlen lassen, vorsichtig von der Schüssel lösen. Mit Zellstoffservietten auslegen, mit Ostergras und mit bunten hartgekochten Eiern füllen.

Ca. 3000 Kalorien/12560 Joule

Zucchini-Apfel-Brötchen
(12 Stück)

150 g Speisequark (20 % Fett), 75 g Zucker
5 EL Milch
5 EL Öl, 1 Prise Salz
300 g Mehl
1 Päckchen Backpulver
1 Apfel (150 g)
1 Zucchini (150 g)
30 g Kürbiskerne
etwas Mehl zum Bestäuben

Quark, Zucker, Milch und Öl glattrühren. Salz, Mehl und Backpulver unterkneten. Kürbiskerne in einer Pfanne ohne Fett rösten. Apfel schälen und grob reiben. Zucchini waschen, putzen und ebenfalls grob reiben. Kürbiskerne, Apfel und Zucchini unter den Teig kneten. Mit bemehlten Händen 12 Brötchen formen. Auf ein mit Backpapier ausgelegtes Blech legen und im Backofen (E-Herd: 200 Grad; Gasherd Stufe 3) ca. 20 Minuten backen.

Pro Stück ca. 580 Kalorien;
Zubereitungszeit: ca. 50 Min.

Abwechslung ist Trumpf: Die Rosinenbrötchen werden mit Mandelsplittern, die Pflaumenbrötchen mit Hagelzucker verziert.

Pflaumenbrötchen
(ca. 16 Stück)

1 Backmischung Hefeteig (357 g)
150 ml Milch
50 g Butter oder Margarine
1 Ei
Mehl für die Arbeitsfläche
16 eßfertige Trockenpflaumen (170 g)
1 Eigelb
1 EL Schlagsahne
2 EL Hagelzucker

Grundmischung und Hefe miteinander verrühren. Lauwarme Milch, weiches Fett und das Ei in die Mitte geben und alles mit den Knethaken des Handrührgerätes in 5 Minuten zu einem glatten Teig verkneten. 30 Minuten zugedeckt an einem warmen Ort gehen lassen. Anschließend auf einer bemehlten Arbeitsfläche noch mal durchkneten. Eine Rolle formen und in 16 Stücke schneiden. Auf jedes Stück eine Backpflaume geben und den Teig gut zudrücken. Brötchen auf ein mit Backpapier ausgelegtes Backblech legen und noch mal 10 Minuten gehen lassen. Eigelb und Sahne verquirlen. Brötchen damit bestreichen, mit Hagelzucker bestreuen. Im Backofen (E-Herd: 200 Grad; Gasherd: Stufe 3) 15–20 Minuten backen.

*Pro Stück ca.
160 Kalorien/670 Joule*

Osterzopf
(ca. 25 Scheiben)

Für den Teig:
1/4 l Milch, 1 EL Zucker
1 Würfel frische
Hefe (42,5 g)
500 g Mehl, 100 g Zucker
125 g Butter oder Margarine
1 Prise Salz, abgeriebene Schale 1 unbehandelten Zitrone, 200 g Rosinen
Außerdem:
4 unbemalte Eier
1 Eigelb, 2 EL Milch
4 bemalte hartgekochte Eier

Milch mit 1 EL Zucker leicht erwärmen. Hefe darin auflösen und zugedeckt an einem armen Ort 30 Minuten gehen lassen. Mit den restlichen Teigzutaten verkneten und weitere 30 Minuten gehen lassen. Den Teig in 3 Teile teilen. Jedes Teil zu einem ca. 50 cm langen Strang rollen. Die 3 Stränge wie einen Zopf flechten. Den Hefezopf auf ein mit Backpapier ausgelegtes Blech legen. Die 4 unbemalten Eier an der Unterseite anpiksen, auf den Hefezopf setzen und vorsichtig andrücken. Eigelb und Milch verrühren und den Zopf damit bepinseln. Im Backofen (E-Herd: 200 Grad; Gasherd: Stufe 3) ca. 60 Minuten backen. Rechtzeitig abdecken. Nach dem Backen die Eier entfernen und durch bemalte ersetzen.

*Pro Scheibe ca. 330 Kalorien;
Zubereitungszeit:
ca. 1 1/2 Std. (ohne Wartezeit)*

Der klassische Osterzopf. Mit der Lieblingsmarmelade oder pur mit Butter bestrichen ein Ultra-Genuß!

Frühlingserwachen im Backofen

Das Kräuterbrot schmeckt am besten pur mit Butter oder Margarine. Denn Zwiebelwürfel, Petersilie, Dill und Kürbiskerne im Teig sorgen für genug Geschmack und Würze. Aber natürlich paßt auch Quark oder Käse als Belag dazu

Selbstgebackenes BROT

Zaubern Sie aus einem Grundnahrungsmittel einen Leckerbissen. Nicht nur an Festtagen, auch im Alltag werden Ihnen die würzigen selbstgebackenen Brote köstlich munden.

Möhren-Nuß-Brot
(20 Scheiben)

1 Paket Brotbackmischung für Landbrot (935 g inkl. Backhefe und Sauerteig; Reformhaus)
1 TL Zucker, 200 g Möhren
100 g gemahlene Haselnüsse
Mehl zum Verarbeiten

450 ml lauwarmes Wasser mit der Backhefe und dem Zucker in eine Schüssel geben. Sauerteig zugeben, unterrühren. Backmischungsmehl zufügen und zu einem glatten Teig verkneten. 30 Minuten an einem warmen Ort gehen lassen. Möhren putzen, fein raspeln und mit den Nüssen unter den Teig kneten. Teig in einen mit Mehl ausgestreuten Weidenkorb legen. Darin 30 Minuten gehen lassen. Brotlaib auf ein mit Backpapier ausgelegtes Backblech stürzen und im Ofen (E-Herd: 200 Grad; Gasherd: Stufe 3) 45–50 Minuten backen.

*Pro Scheibe ca.
200 Kalorien/ 830 Joule*

Kräuterbrot mit Kürbiskernen
(20 Scheiben)

300 g Mehl (Type 405)
200 g Weizenvollkornmehl
1 Würfel frische Hefe oder
1 Päckchen Trockenhefe
1 TL Zucker, 2 TL Salz
50 g Butter oder Margarine
1 Ei
1/4 l Milch, 1 Zwiebel (50 g)
1 Bund Petersilie, 1 Bund Dill
50 g Kürbiskerne
Mehl zum Bestäuben

Mehl, Hefe, Zucker, Salz, Fett und Ei vermengen. Lauwarme Milch langsam zufügen und alles zu einem glatten Teig verkneten. Zwiebel abziehen, fein würfeln, Kräuter fein hacken. Zwiebelwürfel, Kräuter und Kürbiskerne unter den Teig kneten. An einem warmen Ort circa 20 Minuten gehen lassen. Einen Brotlaib formen. Noch mal 15 Minuten gehen lassen, mit etwas Mehl bestäuben. Im Backofen (E-Herd: 175 Grad, Gasherd: Stufe 2) 40–45 Minuten backen.

*Pro Scheibe ca.
150 Kalorien/ 630 Joule*

Wenig Aufwand, große Wirkung: Das würzige Möhren-Nuß-Brot eignet sich auch als Mitbringsel

Frühlingserwachen im Backofen 35

Rendezvous von Hahn und Henne: Das flotte Pärchen wird mit einer Schablone in Form gebracht (Größe: ca. 25 mal 26 cm). Zuckerguß und Zuckerperlen liefern das Outfit

Originelle Oster- FIGUREN

Offen gestanden, zum Essen sind die niedlichen Häschen, Hennen und Schmetterlinge im Grunde fast zu schade. Aber als Tischschmuck oder Geschenkidee sind sie fast unschlagbar.

Osterhahn und -henne
(2 Stück)

300 g Mehl, 150 g Speisequark (20 % Fett)
80 g Zucker, 1 Päckchen Vanillinzucker, 5 EL Milch
5 EL Öl, 1 Prise Salz
1 Päckchen Backpulver
1 Eigelb, 2 EL Milch
<u>Zum Verzieren:</u>
1 Eiweiß, 250 g Puderzucker
Lebensmittelfarbe
Zuckerperlen

Mehl, Quark, Zucker, Vanillinzucker, Milch, Öl, Salz und Backpulver verkneten. Ca. 1 cm dick ausrollen und mit Hilfe der Schablonen je einen Hahn und eine Henne ausschneiden. Eigelb und Milch verrühren, die Figuren damit bestreichen. Auf ein mit Backpapier ausgelegtes Blech legen und im Backofen (E-Herd: 175 Grad; Gasherd: Stufe 2) 10–15 Minuten backen. Abkühlen lassen. Eiweiß und Puderzucker verrühren, mit Lebensmittelfarbe einfärben. Hahn und Henne wie auf dem Foto mit buntem Guß und Zuckerperlen verzieren.

Pro Stück ca. 1530 Kalorien; Zubereitungszeit: ca. 45 Min.

TIP

So kriegen Sie die Schablone für die Osterhühner: Konturen abzeichnen oder diese Seite im Copyshop vergrößern lassen (141 %). Dann Hahn und Henne ausschneiden, auf Karton kleben.

Eine fröhliche Menagerie, aus Mürbeteig gebacken und mit buntem Zuckerguß verziert, baumelt an einer Girlande. Buchsbaum mit Blumendraht um ein Sisalband wickeln, mit Schleifen schmücken – und fertig ist der bunte Blickfang

Mürbeteiganhänger
(ca. 50 Stück)

Für den Teig:
300 g Mehl
200 g Butter oder Margarine
100 g Zucker, 1 Ei
1 Msp. Backpulver
abgeriebene Schale 1 unbehandelten Zitrone
Zum Verzieren:
250 g Puderzucker
1 Eiweiß, Lebensmittelfarbe

Teigzutaten verkneten und im Kühlschrank ca. 30 Minuten ruhen lassen. Mürbeteig zwischen Folie ausrollen und Schmetterlinge, Hasen, Vögel und Enten ausstechen und mit einem Streichholz ein Loch hineinstechen. Kekse auf ein mit Backpapier ausgelegtes Blech legen und im Backofen (E-Herd: 200 Grad; Gasherd: Stufe 3) 10–15 Minuten backen. Abkühlen lassen. Puderzucker und Eiweiß verrühren und teilweise mit Lebensmittelfarbe einfärben. Plätzchen damit verzieren. Bindfäden durchziehen und am Osterstrauß oder einer Girlande aufhängen.

*Pro Stück ca. 77 Kalorien;
Zubereitungszeit: ca. 1 Std.*

Osterhasenköpfe
(ca. 15 Stück)

Für den Teig:
1 Würfel Hefe (42 g)
1/4 l Milch, 500 g Mehl,
60 g Zucker, 75 g Butter oder Margarine, 1 Eigelb
Für die Füllung:
75 g Rumrosinen
75 g Marzipanrohmasse
1 Eiweiß
Für die Verzierung:
1 Eigelb
2 EL Milch
25 g Rumrosinen
25 g Mandelstifte
100 g Puderzucker
1 EL Zitronensaft
evtl. Lebensmittelfarbe und Zuckerperlen

Hefe in lauwarmer Milch auflösen und zum Mehl geben. Zucker, weiches Fett und Eigelb zufügen. Alles mit den Knethaken des Handrührgerätes zu einem glatten Teig verarbeiten. An einem warmen Ort abgedeckt 30 Minuten gehen lassen. Für die Füllung Rosinen, Schokolade und Marzipan hacken und mischen. Den Teig ca. 1 cm dick ausrollen, Kreise (14 cm Ø) ausstechen und rundum mit verquirltem Eiweiß bepinseln. Auf die eine Hälfte des Kreises einen Eßlöffel der Füllung setzen und die seitlichen Ränder 1/2 cm übereinanderschlagen, andrücken. Den unteren Rand hochschlagen und den oberen (ungefüllten) Teil 3–4 cm einschneiden. Daraus die Ohren formen. Umdrehen und die Köpfe mit der Naht nach unten auf ein mit Backpapier ausgelegtes Blech legen. Eigelb mit Milch verquirlen und die Köpfe damit bestreichen. Mit Rosinen als Augen und Mandelstiften verzieren. An einem warmen Ort nochmals 10 Minuten gehen lassen. Im Backofen (E-Herd: 200 Grad; Gasherd: Stufe 3) 15 Minuten backen. Rechtzeitig abdecken. Aus dem Ofen nehmen und auskühlen lassen. Puderzucker mit Zitronensaft verrühren, evtl. einfärben und mit dem Guß die Hasenköpfe verzieren.

*Pro Stück ca.
290 Kalorien/1218 Joule;
Zubereitungszeit: 1 1/4 Std.
(ohne Zeit zum Aufgehen)*

Pfiffige Burschen mit köstlichem Innenleben: In den Osterhasenköpfen aus Hefeteig steckt eine Füllung aus Rosinen, Marzipan und Schokolade

Gefüllte Hefehasen
(12 Stück)

500 g Mehl mit Weizenkeimen (Type 405)
1 Würfel frische Hefe (42,5 g)
200 ml Milch
125 g weiche Butter oder Margarine, 75 g Zucker
1 Päckchen Vanillinzucker
1 Prise Salz
100 g Marzipanrohmasse
2 EL Rosinen, 2 Eiweiß
2 EL Schlagsahne

Mehl, zerbröckelte Hefe, Milch, Fett, Zucker, Vanillinzucker und Salz verkneten. An einem warmen Ort 30 Minuten gehen lassen. Für die Füllung Marzipan, Rosinen (einige zum Verzieren zurückbehalten) und 1 Eiweiß verkneten. Teig auf einer bemehlten Arbeitsfläche ausrollen und 24 Osterhasen ausstechen. Ränder mit dem restlichen Eiweiß bepinseln.
Je 1 TL Füllung auf einen Osterhasen setzen. Einen zweiten darauf legen und an den Rändern festdrücken. Noch mal 30 Minuten gehen lassen. Mit Sahne bepinseln. Restliche Rosinen als Augen in die Hasen drücken. Im Backofen (E-Herd: 200 Grad; Gasherd: Stufe 3) ca. 15–20 Minuten backen.

Pro Stück ca.
440 Kalorien/1848 Joule

Häschen aus Hefeteig: Wer keinen Eigenbedarf hat, verpackt die selbstgebackenen Kerlchen hübsch in große Ostereier und verschenkt sie an befreundete Schleckermäuler

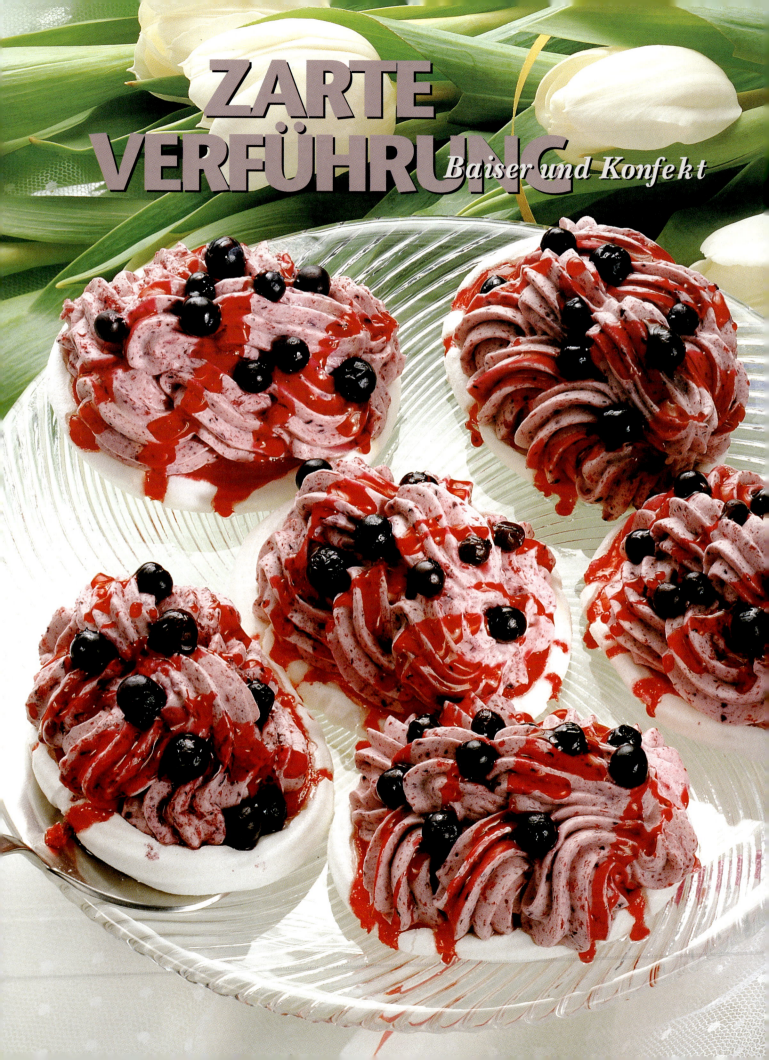

ZARTE VERFÜHRUNG
Baiser und Konfekt

Schlemmererlebnis BAISER

Ehe man sich's versieht, zergehen sie auf der Zunge. Aber der raffinierte Geschmack nach Sahne und Frucht, mit denen die zuckersüßen schaumigen Baisers gefüllt sind, hält an – wodurch sich der Griff zum nächsten Törtchen kaum verhindern läßt. Kein Wunder, daß die Versuchung so groß ist: Das Wort »Baiser« kommt aus dem Französischen und heißt nichts anderes als »Kuß«!

Zart und schmelzend: Baisertörtchen mit einer raffinierten Füllung aus pürierten Heidelbeeren, Schlagsahne und Gelatine. Sie werden mit ganzen Beeren und fruchtigem roten Tortenguß verziert

Baisertörtchen mit Heidelbeersahne
(10 Stück)

Für die Baisermasse:
2 Eiweiß, 1 TL Zitronensaft
150 g Zucker
Für die Füllung:
300 g tiefgefrorene Heidelbeeren
50 g Zucker
5 Blatt weiße Gelatine
150 g Schlagsahne
Zum Verzieren:
1 Päckchen roter Tortenguß
2 EL Puderzucker
1/4 l Kirschsaft

Eiweiß mit Zitronensaft sehr steif schlagen. Zucker nach und nach einrieseln lassen. Eischnee in einen Spritzbeutel mit Sterntülle füllen und auf ein mit Backpapier ausgelegtes Blech zehn ovale Böden (7 cm Länge) spritzen. Im Backofen (E-Herd: 100 Grad, Gasherd: Stufe 1) circa 2 Stunden trocknen lassen. Für die Füllung Heidelbeeren auftauen lassen, einige zum Verzieren zur Seite stellen. Restliche Beeren durch ein Sieb streichen und mit Zucker verrühren. Gelatine einweichen, ausdrücken und bei schwacher Hitze auflösen. Unter die Heidelbeeren rühren. Im Kühlschrank halbfest werden lassen. Sahne steif schlagen und unter die Heidelbeeren ziehen. Im Kühlschrank fest werden lassen. Heidelbeersahne auf die Baisertörtchen spritzen. Tortenguß mit Zucker in einen Topf geben, Saft dazugießen und aufkochen. Etwas abkühlen lassen und mit einem Teelöffel Fäden über die Heidelbeersahne ziehen, restliche Heidelbeeren darauf verteilen.

*Pro Stück ca.
170 Kalorien/714 Joule*

Baisertörtchen mit Himbeercreme
(8 Stück; ohne Foto)

Für die Baiserböden:
3 Eiweiß
1 TL Zitronensaft
200 g feiner Zucker
Für den Belag:
30 g Zartbitter-Kuvertüre
350 g Himbeeren
1 Päckchen heller Tortenguß
2 EL Zucker
1/8 l weißer Traubensaft oder Weißwein
2 EL gehackte Pistazien zum Bestreuen

Eiweiß mit Zitronensaft steif schlagen. Zucker einrieseln lassen. Aus der Masse 8 Kreise (8 cm Ø) auf ein mit Backpapier ausgelegtes Blech spritzen, auf den Außenrand Baisertupfen setzen. Im Ofen (E-Herd: 80–100 Grad; Gasherd: Stufe 1) 2 Stunden trocknen. Auskühlen lassen. Gehackte Kuvertüre auflösen, die Böden damit auspinseln. Früchte verlesen und darauf verteilen. Tortenguß mit Saft und 1/8 l Wasser zubereiten. Beeren damit überziehen, mit Pistazien bestreuen und trocknen lassen.

*Pro Stück ca.
200 Kalorien/840 Joule;
Zubereitungszeit: ca 1 1/4 Std.
(ohne Trocknungszeit)*

Zarte Verführung: Baiser und Konfekt

Zum Dahinschmelzen: kleine, zarte Baisers mit einer süßen Füllung aus Erdbeeren, Mascarpone, Vanille und Zitronenschale

Zarte Verführung: Baiser und Konfekt

Variabel: Statt Rhabarber können Sie für die Füllung der Baisertörtchen auch Erdbeeren, Himbeeren oder Stachelbeeren verwenden

Gefüllte Baisers
(ca. 15 Stück)

Für die Baisermasse:
2 Eiweiß, 1 TL Zitronensaft
160 g Zucker
Für die Füllung:
150 g Erdbeeren
250 g Mascarpone
1 EL Zucker
1/2 Vanilleschote
1/2 TL abgeriebene Zitronenschale
1 EL Zitronensaft
2 EL bunte Zuckerperlen

Eiweiß und Zitronensaft sehr steif schlagen. Zucker langsam einrieseln lassen, verrühren. Die Baisermasse in einen Spritzbeutel mit Sterntülle füllen und 30 kleine Tupfen auf ein mit Backpapier ausgelegtes Backblech spritzen. Im Backofen (E-Herd: 75 Grad; Gasherd: Stufe 1) 2 Stunden trocknen lassen. Für die Füllung Erdbeeren putzen und waschen. Eine Hälfte pürieren, die andere Hälfte in kleine Stückchen schneiden. Beides unter den Mascarpone heben. Mit Zucker, ausgekratztem Vanillemark, Zitronenschale und -saft abschmecken. Jeweils 1 TL Erdbeercreme auf eines der Hütchen streichen und mit einem zweiten zusammensetzen. Mit Zuckerperlen bestreuen.

*Pro Stück ca.
120 Kalorien/504 Joule*

Rhabarberbaiser
(12 Stück)

Für die Baisermasse:
4 Eiweiß
2 TL Zitronensaft
300 g Zucker
Für die Rhabarberfüllung:
500 g Rhabarber
2 cl Orangenlikör
75 g Zucker
1 Päckchen Vanillinzucker
6 Blatt weiße Gelatine
1 Becher Schlagsahne (250g)
einige Blätt. Zitronenmelisse

Eiweiß mit Zitronensaft sehr steif schlagen, dabei den Zucker nach und nach einrieseln lassen. Die Baisermasse in einen Spritzbeutel mit Sterntülle füllen und auf ein mit Backpapier ausgelegtes Backblech 12 Törtchen mit Rand spritzen. Die Baisertörtchen im Backofen (E-Herd: 75 Grad; Gasherd: Stufe 1) 2 Stunden trocknen lassen. Für die Füllung Rhabarber putzen, in Stücke schneiden und mit 1/2 l Wasser, Orangenlikör, Zucker und Vanillinzucker aufkochen, von der Kochplatte nehmen. Gelatine in kaltem Wasser einweichen, ausdrücken und in dem warmen Rhabarber auflösen. Die Masse fest werden lassen. Sahne steif schlagen und unter den Rhabarber heben. Rhabarber in die Törtchen füllen und fest werden lassen. Mit Zitronenmelisse verzieren.

*Pro Stück ca.
200 Kalorien/840 Joule*

Zarte Verführung: Baiser und Konfekt

Süßes Gemüse zum Naschen: Möhrenkonfekt (links). Kenner edler Tropfen bevorzugen die gehaltvollen Weinbrand-Trüffel (rechts)

Möhrenkonfekt
(ca. 30 Stück)

250 g Möhren
50 g Butter oder Margarine
30 g Rosinen
100 g Löffelbiskuit
1 EL Crème fraîche
1 EL Honig
30 g gehackte Mandeln
1/2 – 1 TL Zimt
50 g gemahlene Pistazien

Möhren putzen, waschen und fein raspeln. In zerlassenem Fett 15 Minuten dünsten. Rosinen hacken. Löffelbiskuit fein zerbröseln. Mit den Rosinen, Crème fraîche, Honig und Mandeln zu den Möhren geben. Alles gut verrühren, mit Zimt abschmecken und abkühlen lassen. Kleine Eier daraus formen und in gemahlenen Pistazien wälzen.

Pro Stück ca.
50 Kalorien/210 Joule

Weinbrand-Trüffel
(ca. 35 Stück)

1/8 l Schlagsahne
1 EL Weinbrand
Mark einer Vanilleschote
75 g Zucker, 60 g Butter
250 g Vollmilch-Kuvertüre
50 g Vollmilch-Schokoraspel
50 g Mandelblättchen

Köstliches KONFEKT

Falls Sie sich bisher nicht getraut haben, Pralinen selber zu machen: Die folgenden Rezepte sind einfach – und die kugelrunden Ergebnisse einfach unwiderstehlich.

Früchte-Eier
(ca. 45 Stück)

150 g getrocknete Aprikosen
150 g getrocknete Pflaumen (ohne Stein)
150 g getrocknete Apfelringe
Saft 1/2 Zitrone
1–2 EL flüssiger Honig
<u>*Zum Verzieren:*</u>
Haselnußblättchen,
Pistazien, Kokosraspeln,
bunte Zuckerstreusel

Aprikosen, Pflaumen und Äpfel nacheinander im Universal-Zerkleinerer oder per Hand so lange fein hacken, bis eine zähe Masse entsteht. Getrennt in Schüsseln füllen und mit Zitronensaft abschmecken. Unter die Apfelmasse den Honig kneten, bis die Masse formbar wird. Aus den Fruchtmassen mit einem Teelöffel Häufchen abstechen und mit den Händen zu Ostereiern formen. Die Ostereier nach Belieben in Nüssen, gehackten Pistazien, Kokosraspeln oder Zuckerstreuseln wälzen.

Pro Stück ca. 35 Kalorien/147 Joule

Für Müsli-Fans: Getrocknete Früchte werden fein gehackt, zu kleinen Eiern geformt und in Pistazien, Mandeln, Kokosraspeln oder Zuckerstreuseln gewälzt

Schnell gemacht und hübsch zum Verschenken: Nougateier, in Krokant oder Pistazien getaucht

Keine Frage, die Marzipaneier haben's in sich! Nach dem Backen werden sie nämlich noch in flüssige Schokolade getaucht

Sahne, Weinbrand, Vanillemark, Zucker, Butter und feingehackte Kuvertüre bei milder Hitze unter Rühren schmelzen lassen. Kalt stellen, bis die Masse halbfest ist. Dann mit den Schneebesen des Handrührgerätes cremig aufschlagen und mit 2 TL kleine Nocken abstechen. Die eine Hälfte in Vollmilch-Schokoraspeln, die andere Hälfte in etwas zerkleinerten, gerösteten Mandelblättchen wälzen.

*Pro Stück ca.
90 Kalorien/378 Joule*

Marzipaneier
(8 Stück)

*200 g Marzipan, 2 Eiweiß
50 g Mehl, 150 g Puderzucker
Bittermandelöl
Außerdem:
Fett für die Form, 2–3 EL
Paniermehl, 1 Paket Zartbitter Backcreme (175 g)
2 EL gehackte Haselnüsse*

Marzipan und Eiweiß glattrühren. Mehl, Puderzucker und 2–3 Tropfen Bittermandelöl unterrühren. Eine Eierbackform gut ausfetten und mit Paniermehl ausstreuen. Den Teig in die Form füllen. Im Backofen (E-Herd: 200 Grad; Gasherd: Stufe 3) 12–15 Minuten backen. Etwas abkühlen lassen und vorsichtig aus der Form nehmen. Backcreme im Wasserbad schmelzen. Eier mit der Backcreme und Nüssen verzieren.

*Pro Stück ca. 350 Kalorien;
Zubereitungszeit: ca. 30 Min.*

Nougateier
(25 Stück)

*400 g Nußnougat
50 g gehackte Mandeln
75 g weiche Butter
75 g Haselnußkrokant
75 g gehackte
Pistazienkerne*

Nougat, Mandeln und Butter mit den Knethaken des Handrührgerätes verkneten. Die Masse im Kühlschrank wieder fest werden lassen. 25 Kugeln abstechen, zu Eiern formen. Die Hälfte in Krokant, den Rest in Pistazien wenden.

Pro Ei ca. 165 Kalorien/693 Joule

Oster-Konfekt
(ca. 20 Stück)

*1 Eigelb
50 g Zuckerrübensirup
50 g Butter
oder Margarine
100 g Zartbitter-Kuvertüre
1 EL Whisky
25 g Rosinen
30 g Haselnuß-Krokant*

Eigelb mit Sirup in einem Topf im Wasserbad schaumig schlagen. Fett zufügen und alles geschmeidig rühren. Kuvertüre hacken, in der Masse auflösen. Whisky und feingehackte Rosinen zufügen. Masse kalt stellen, bis sie fest geworden ist. Mit einem Teelöffel Nocken von der Masse abstechen und zu Eiern rollen. In Krokant wälzen. Im Kühlschrank aufbewahren.

*Pro Stück
ca. 60 Kalorien/252 Joule;
Zubereitungszeit: ca. 30 Min.
(ohne Kühlzeit)*

Bunte Marzipaneier
(ca. 20 Stück; ohne Foto)

*200 g Marzipanrohmasse
1 EL Puderzucker
1 EL Orangenlikör
Lebensmittelfarbe (Rot,
Gelb, Blau und Grün)*

Marzipanrohmasse in eine Schüssel geben. Puderzucker dazusieben, Orangenlikör zufügen und alles verkneten. Kleine Eier formen und jeweils mit einem Tropfen konzentrierter Lebensmittelfarbe (Rot, Gelb, Blau oder Grün) bepinseln. Auf einem Kuchengitter trocknen lassen. Hübsch zum Verschenken.

*Pro Stück ca.
50 Kalorien/210 Joule*

Aprikosen-Eier
(ca. 25 Stück)

*150 g getrocknete Aprikosen
50 g Kokosflocken
25 g Puderzucker
abgeriebene Schale
1 unbehandelten Zitrone
1 EL Zitronensaft
1 EL Zucker*

Aprikosen im Universalzerkleinerer fein hacken. Übrige Zutaten außer Zucker mit der Masse verkneten. Kleine Eier daraus formen und im Zucker wälzen.

*Pro Stück ca.
30 Kalorien/126 Joule;
Zubereitungszeit: ca. 25 Min.*

Oster-Konfekt rustikal: Die Schoko-Krokant-Eier und Aprikosen-Eier kommen zum Verschenken in Spankörbchen

> **TIP**
> *Die spezielle Eierbackform mit 8 Vertiefungen gibt's überall im Fachhandel.*

Traumhafte TORTEN

Vergessen Sie an Feiertagen das Thema Kalorien – Genuß ist angesagt. Die erfrischende Joghurttorte, kleine Ananas-Törtchen oder die gehaltvolle Mokkatorte versprechen exquisite Gaumenfreuden

Jetzt haben Sie die Qual der Wahl: Entscheiden Sie sich für eine der folgenden Torten oder für die raffinierte Tiramisù-Kreation und die Erdbeertorte, die wir bereits im Kapitel „Festmenüs vom Feinsten" (siehe Seite 27 und 29) vorgestellt haben? Wie dem auch sei: Die sahnigen Prachtstücke auf dem festlich gedeckten Kaffeetisch sind eine Sünde wert.

Joghurttorte mit Früchten
(12 Stücke)

Für den Mürbeteig:
50 g Mehl
25 g gemahlene Mandeln
1 EL Zucker
1 Eigelb
1 TL Butter oder Margarine
1 EL Wasser

Für den Biskuitteig:
3 Eier, 100 g Zucker
1 Päckchen Vanillinzucker
1 Prise Salz
40 g Mehl
40 g Speisestärke
1/2 TL Backpulver

Für die Füllung:
250 g Erdbeeren
1 kleine Dose Pfirsiche (250 g)
1 Ei
100 g Zucker
500 g Joghurt
Saft und abgeriebene Schale
1/2 Zitrone
6 Blatt weiße Gelatine
1 EL rotes Johannisbeergelee zum Bestreichen
1 EL Puderzucker zum Bestäuben
1 Stück Angelika

Teigzutaten verkneten und ca. 30 Minuten ruhenlassen. In eine mit Backpapier ausgelegte Springform (24 cm Ø) rollen. Mit einer Gabel mehrmals einstechen und im Ofen (E-Herd: 200 Grad; Gasherd: Stufe 3) 15 Minuten backen. Aus der Form nehmen, auskühlen lassen. Für den Biskuitteig Eiweiß steif schlagen. Zucker, Vanillinzucker und Salz verrühren, einrieseln lassen. Eigelb unterziehen. Mehl, Speisestärke und Backpulver dazusieben, unterheben. Teig in einer ausgelegten Springform im Ofen (E-Herd: 175 Grad; Gasherd: Stufe 2) 30–35 Minuten backen, evtl. abdecken. Boden abgekühlt einmal quer halbieren. Für die Füllung Erdbeeren, abgetropfte Pfirsiche kleinschneiden. Ei mit Zucker dickschaumig aufschlagen. Joghurt, Zitronenschale und Saft unterrühren. Eingeweichte, ausgedrückte Gelatine auflösen, unter die Joghurtcreme rühren. Das Obst unterheben und die Creme im Kühlschrank halbfest werden lassen. Mürbeteigboden mit Johannisbeergelee bestreichen, darauf einen Biskuitboden setzen, mit der Creme bestreichen, zweiten Boden draufsetzen. Im Kühlschrank fest werden lassen. Mit Puderzucker bestäuben und mit Angelikastücken verzieren.

*Pro Stück ca.
210 Kalorien/882 Joule*

TIP
Anstatt die Torte mit Angelika (kandierte Blattstiele der Angelwurz) zu verzieren, können Sie auch gehackte Pistazien darüber streuen.

Törten und Desserts der Extraklasse

Üppig verziert: Mokkatorte

Klein, aber fein: Ananas-Pfirsich-Törtchen

Mokkatorte
(12 Stücke)

3 Eier
3 El Wasser
120 g Zucker
40 g Speisestärke
30 g Mehl
1/2 TL Backpulver
1 EL Kakao
Für die Füllung:
1 Ei
100 g Zucker
1 Päckchen Vanillinzucker
3 Becher Crème double
(à 125 g)
1 EL Espresso-Instantpulver
1 EL Mandellikör
9 Blatt weiße Gelatine
2 Becher Schlagsahne
(à 200 g)
50 g Orangenmarmelade
1 EL Götterspeise,
Tropic-Geschmack
1 EL Zucker
Zur Verzierung:
100 g Marzipanrohmasse
bunte Zuckereier
1 EL gehackte Pistazien
Mokkabohnen

Eier und Wasser cremig schlagen. Zucker zurühren. Speisestärke, Mehl, Backpulver und Kakao dazusieben und vorsichtig unterheben. Teig in eine mit Backpapier ausgelegte Springform (26 cm Ø) füllen und im Backofen (E-Herd: 175 Grad; Gasherd: Stufe 2) 20–25 Minuten backen. Abgekühlten Tortenboden quer dritteln. Für die Füllung Ei, Zucker und Vanillinzucker cremig rühren. Crème double dazugeben und gut verrühren. Espresso-Instantpulver mit 1 EL heißem Wasser mischen. Zusammen mit dem Mandellikör in die Creme rühren. Gelatine in kaltem Wasser einweichen, ausdrücken, bei milder Hitze auflösen. 1 EL der Mokkamasse in die Gelatine rühren. Dann gleichmäßig unter die Füllung rühren. Schlagsahne steif schlagen und darunterheben. Einen Tortenboden erst mit Marmelade, dann mit 1/4 der Creme bestreichen, zweiten Boden darauf setzen, ebenfalls mit Marmelade und Creme bestreichen. Letzten Boden darauf setzen, rundum mit Creme bestreichen (etwas zum Verzieren aufbewahren). Restliche Creme als Tupfen auf den Rand spritzen. Götterspeise in 1/8 l kaltem Wasser quellen lassen. Zucker zugeben und bei milder Hitze auflösen. Erkalten lassen und auf die Torte gießen. Fest werden lassen. Aus der Marzipanrohmasse kleine Vögel formen. Mit Zuckereiern auf die mit Pistazien bestreute Torte setzen. Die Mokkatupfen mit Mokkabohnen verzieren.

Pro Stück ca.
400 Kalorien/1680 Joule

Ananas-Pfirsich-Törtchen
(8 Stück)

Für den Teig:
200 g Mehl
75 g Fett
70 g Zucker
1 Prise Salz, 1 Ei
1 EL Kakao
Für die Füllung:
1 Päckchen Pfirsich-Maracuja-Mousse für 1/4 l Milch
1 Dose Ananas-Scheiben
(490 g)
Für den Guß:
1/2 Päckchen roter
Tortenguß
1/8 l roter Trauben- oder
Kirschsaft
1 EL Zucker
gehackte Pistazien

Teigzutaten mit den Knethaken des Handrührgerätes verkneten. Ca. 30 Minuten im Kühlschrank ruhenlassen. In acht gleich große Stücke teilen und in Größe der Toretteförmchen (10 cm Ø) ausrollen. In die Förmchen legen, einen Rand hochziehen. Teig mehrmals mit einer Gabel einstechen und im Backofen (E-Herd: 200 Grad; Gasherd: Stufe 3) 18–20 Minuten backen. Auskühlen lassen. Für die Füllung die Mousse nach Packungsanleitung zubereiten. 2/3 der Masse auf die Tortelettes verteilen. Restliche Mousse im Kühlschrank fest werden lassen. Ananasscheiben abtropfen lassen und jeweils eine Scheibe auf die gefüllten Tortelettes legen. Aus der festgewordenen Mousse mit einem Eiskugelausstecher acht Kugeln auf die Ananasscheiben setzen. Tortenguß nach Packungsanleitung mit dem Saft zubereiten, halbfest werden lassen. In einen Gefrierbeutel füllen, eine kleine Ecke des Beutels abschneiden und den Guß über die Tortelettes träufeln. Mit Pistazien bestreuen.

Pro Stück ca.
340 Kalorien/1428 Joule

Buchweizentorte mit Kiwi und Himbeeren
(20 Stücke)

Für den Teig:
375 g Buchweizenmehl
1/2 Päckchen Backpulver
1 Prise Salz, 3 Eier
Schale 1 unbehandelten
Zitrone
200 g Butter oder
Margarine
125 g Zucker
50 ml Schlagsahne
2 cl Himbeergeist
Für die Füllung:
500 g tiefgefrorene
Himbeeren, 5 Kiwis
3 Becher (600 g)
Schlagsahne
3 Päckchen Sahnesteif
2 EL Zucker
1 Päckchen Vanillinzucker

Fruchtig und frisch: Buchweizentorte mit Kiwis und Himbeeren, dazwischen viel Sahne. Das schmeckt nicht nur zum Osterkaffee!

Torten und Desserts der Extraklasse

Der Zeitaufwand lohnt sich: Flockentorte

Zum Anbeißen: Häschen aus Gelee zieren die Eierlikörtorte

Für den Teig alle Zutaten in eine Rührschüssel geben und zu einem glatten Teig verrühren. Eine ovale Form (Auflaufform, 27 cm Länge oder Springform 26 cm Ø) ausfetten. Den Teig einfüllen und im Backofen (E-Herd: 175 Grad, Gasherd: Stufe 2) 45–50 Minuten backen, eventuell mit Pergamentpapier abdecken. Den Kuchen aus der Form stürzen, auskühlen lassen und quer halbieren. Die Böden mit Himbeergeist beträufeln. Für die Füllung Himbeeren auftauen lassen, Kiwis schälen, in Scheiben schneiden. Sahne mit Sahnesteif aufschlagen, Zucker und Vanillinzucker zufügen. Die Hälfte der Kiwischeiben und die Hälfte der Himbeeren (einige zum Verzieren zur Seite stellen) auf dem unteren Tortenboden verteilen, einen Teil der Sahne daraufstreichen. Den zweiten Boden ebenso belegen und auf den ersten legen. Die Torte rundherum dick mit Sahne bestreichen, mit einigen Kiwischeiben und reichlich Himbeeren verzieren.

Pro Stück ca.
320 Kalorien/1344 Joule

Flockentorte
(12 Stücke)

Für den Biskuitteig:
3 Eier, 120 g Zucker
1 Päckchen Vanillinzucker
45 g Mehl, 45 g Speisestärke
1/2 TL Backpulver

Für die Füllung:
1 Mango (450 g)
300 g Erdbeeren
8 Blatt weiße Gelatine
300 g Vollmilchjoghurt
100 g Zucker
2 Päckchen Vanillinzucker
4 EL Zitronensaft
300 g Schlagsahne

Für die Verzierung:
250 g Schlagsahne
1 EL Pistazien
200 g Erdbeeren
2 Marzipanhasen

Für den Biskuitteig Eier trennen. Eiweiß mit 3 EL kaltem Wasser steif schlagen. Zucker und Vanillinzucker langsam einrieseln lassen. Eigelb unterziehen. Mehl, Stärke und Backpulver dazusieben und unterheben. Den Teig in eine mit Backpapier ausgelegte Springform (26 cm Ø) füllen. Im Backofen (E-Herd: 180 Grad; Gasherd: Stufe 2) 20 Minuten backen. Auskühlen lassen und zweimal waagerecht durchschneiden. Für die Füllung die Mango schälen, Fruchtfleisch vom Stein schneiden und pürieren. Erdbeeren waschen, putzen und ebenfalls pürieren. Jeweils 4 Blatt Gelatine getrennt in kaltem Wasser 10 Minuten einweichen. Joghurt, Zucker, Vanillinzucker und Zitronensaft verrühren. Masse teilen und unter eine Hälfte das Erdbeer-, unter die andere Hälfte das Mangopüree rühren. Gelatine getrennt bei milder Hitze auflösen, unter beide Cremes rühren, kalt stellen, bis die Massen zu gelieren beginnen. Sahne steif schlagen und unter jede Creme eine Hälfte heben. Springformrand um den untersten Biskuitboden legen, Mango- und Erdbeercreme darauf füllen und mit dem oberen Boden abdecken. 4 Stunden kühl stellen. Für die Verzierung den mittleren Biskuitboden zerzupfen. Pistazien im Blitzhacker zerkleinern. Springformrand entfernen, die Torte mit steifgeschlagener Sahne rundum bestreichen. Flocken und Pistazien darauf verteilen. Erdbeeren waschen und halbieren. Torte mit Erdbeeren und Marzipanhasen verzieren.

Pro Stück ca.
340 Kalorien/1428 Joule;
Zubereitungszeit: ca. 2 Std.
(ohne Kühlzeit)

Eierlikörtorte
(12 Stücke)

Für den Tortenboden:
3 Eier, 100 g Zucker
1 Päckchen Vanillinzucker
40 g Speisestärke
40 g Mehl, 1 gestrichener EL Kakaopulver
1 EL Instant Espressopulver
1/2 TL Backpulver

Für die Füllung:
3 Becher Schlagsahne (à 200 g)
200 ml Eierlikör
100 g Zucker
2 Päckchen Vanillinzucker
10 Blatt weiße Gelatine
300 g tiefgefrorene Himbeeren

Für die Geleehasen:
1/2 Paket Götterspeise mit Waldmeister-Geschmack
1/2 Paket Götterspeise mit Kirsch-Geschmack

Zum Bestreuen:
4 EL Schokoladenspäne
40 g gemahl. Pistazienkerne

Eier trennen. Für den Tortenboden Eiweiß mit 3 EL kaltem Wasser steif schlagen. Zucker und Vanillinzucker langsam einrieseln lassen. Eigelb unterziehen. Stärke, Mehl, Kakao, Espressopulver und Backpulver dazusieben, mit einem Schneebesen unterheben. Den Teig in eine mit Backpapier ausgelegte Springform (24 cm Ø) füllen, glattstreichen und im Ofen (E-Herd: 200 Grad; Gasherd: Stufe 3) 20 Minuten backen. Auskühlen lassen und einmal quer halbieren. Für die Füllung Sahne steif schlagen. Zucker, Vanillinzucker und den Likör unterrühren. Gelatine in kaltem Wasser einweichen, ausdrücken und bei milder Hitze auflösen. Unter die Sahne rühren. Ein Drittel der Masse abnehmen. Unter die restlichen zwei Drittel die aufgetauten Himbeeren heben. Beide Massen im Kühlschrank halbfest werden lassen. Die Himbeercreme auf den Tortenboden streichen, den zweiten Boden darauf legen. Restliche Creme auf und um die Torte streichen. Götterspeise nach Packungsanweisung zubereiten, in eine flache Form füllen, fest werden lassen. Mit einer kleinen Hasen-Ausstechform Häschen ausstechen und auf der Torte verteilen, Schokospäne in die Mitte geben. Den Rand mit Pistazien bestreuen.

Pro Stück ca.
400 Kalorien/1680 Joule

Saftiger Tortenboden mit Möhren: Ostertorte

Ostertorte
(12 Stücke)

200 g Möhren, 6 Eier
175 g Zucker
1 Päckchen Vanillinzucker
175 g gemahlene Haselnüsse
3 EL Paniermehl, 2 EL Mehl
1 TL Backpulver
100 g Zucker
100 g Marzipanrohmasse
1 EL Puderzucker
3 EL Aprikosenkonfitüre
3 Becher Schlagsahne (600 g)
2 Päckchen Sahnefestiger
2 Päckchen Vanillinzucker
100 g gemahlene Pistazien
1 Paket grüne Götterspeise für
1/2 l Wasser
1/2 Dose Aprikosen

Möhren waschen, schälen, fein reiben. Eier trennen, Eigelb mit Zucker und Vanillinzucker schaumig rühren. Möhren, Nüsse, Paniermehl, Mehl und Backpulver unterrühren. Eiweiß steif schlagen. Zucker nach und nach einrieseln lassen. Den Eischnee unter den Teig heben. Teig in eine mit Backpapier ausgelegte Springform (24 cm Ø) streichen und im Backofen (E-Herd: 175 Grad; Gasherd: Stufe 2) 40–45 Minuten backen. Aus der Form stürzen, abkühlen lassen und einmal quer halbieren. Marzipan auf Puderzucker ausrollen und einen Kreis (24 cm Ø) ausschneiden. Aprikosenkonfitüre mit 2 EL Wasser aufkochen. Den Tortendeckel und -boden damit bestreichen. Marzipanplatte auf den Boden legen. Sahne mit Sahnefestiger steif schlagen. Vanillinzucker und Pistazien (bis auf 4 EL) unter die Sahne heben. 1/3 der Sahne auf den mit Marzipan belegten Tortenboden streichen. Deckel drauflegen und das zweite Drittel Sahne um die Torte streichen. Restliche Sahne in einen Spritzbeutel füllen und kleine Nester auf die Torte spritzen. Götterspeise nach Packungsanweisung zubereiten, in eine flache Schüssel gießen und fest werden lassen. Aus der Masse kleine Würfel schneiden und mit Aprikosenstückchen in die Sahnenester geben.

Pro Stück ca.
540 Kalorien/2268 Joule

Kirsch-Nuß-Torte mit Baiser
(12 Stücke)

Für den Biskuitteig:
4 Eiweiß
120 g Zucker
6 Eigelb
50 g Mehl
40 g Speisestärke
100 g gemahlene Mandeln
2 TL Backpulver
1 Prise Salz

Für die Baisermasse:
2 Eiweiß
100 g Zucker
1 EL Amaretto
20 g Mandelblättchen

Für die Füllung:
6 Blatt weiße Gelatine
250 g Mascarpone
200 g Doppelrahmfrischkäse
200 ml Milch
1 Vanilleschote
60 g Zucker
abgeriebene Schale und Saft 1 unbehandelten Zitrone
1 Glas Sauerkirschen (370 g)
3 EL Amaretto
50 g Mandelblättchen

Eiweiß mit 4 EL Wasser steif schlagen. Zucker einrieseln lassen. Eigelb unterrühren. Mehl, Stärke, Mandeln, Backpulver und Salz darüber sieben und unterheben. In eine mit Backpapier ausgelegte Springform (26 cm Ø) füllen und im Backofen (E-Herd: 200 Grad; Gasherd: Stufe 3) 25–30 Minuten backen. Inzwischen Eiweiß für das Baiser steif schlagen. Zucker einrieseln lassen, Amaretto unterrühren. Den Biskuit aus der Form lösen, abkühlen lassen und zweimal quer halbieren. Den Tortendeckel mit der Baisermasse bestreichen und mit Mandelblättchen bestreuen. Im Backofen (E-Herd: 200 Grad; Gasherd: Stufe 3) 7–8 Minuten goldbraun backen. Auskühlen lassen. Für die Füllung Gelatine in kaltem Wasser einweichen. Mascarpone und Frischkäse mit Milch glattrühren. Mark einer Vanilleschote, Zucker, Zitronensaft und -schale und 5 EL Sauerkirschsaft unterrühren. Gelatine bei milder Hitze auflösen und unter die Creme ziehen. Kühl stellen. Sauerkirschen abtropfen lassen. Unteren Biskuitboden mit Amaretto beträufeln und die Kirschen darafu verteilen. Wenn die Creme zu gelieren beginnt, 1/3 auf die Kirschen streichen. Mittleren Boden darauf setzen und 1/3 Creme darauf verteilen. Mit dem Baiserboden abdecken. Restliche Creme auf den Rand streichen. Rundherum mit gerösteten Mandelblättchen verzieren.

Pro Stück ca.
450 Kalorien/1890 Joule

Gehaltvoll, aber köstlich: Kirsch-Nuß-Torte mit Baiserhaube

Torten und Desserts der Extraklasse **49**

Das rutscht immer: feines Fruchtgelee. Das Rezept für die links unten abgebildete Mokka-Eierlikör-Mousse finden Sie auf Seite 21

Sagenhafte SÜSSPEISEN

Krönender Abschluß eines jeden Festmenüs ist ein Dessert – dafür gibt es bekanntlich einen Extramagen. Daß die Zubereitung nicht zeitaufwendig sein muß, zeigen unsere folgenden Ideen fürs „süße Ende".

Schokoladencreme
(8 Portionen)

4 Eigelb
100 g Puderzucker
0,1 l Eierlikör
Saft von 3 Orangen
8 Blatt weiße Gelatine
4 Eiweiß
1 Becher (200 g) Schlagsahne
75 g Raspelschokolade
4 EL gehackte Pistazien
bunte Zuckereier

Eigelb und Puderzucker schaumig schlagen. Eierlikör und Orangensaft nach und nach unterrühren. Gelatine einweichen, tropfnaß in einen Topf geben und bei schwacher Hitze auflösen. Unter die Eigelbmasse ziehen. Eiweiß und Sahne getrennt steif schlagen und mit der Schokolade vorsichtig unterheben. Kalt stellen. Mit gehackten Pistazien und Zuckereiern verzieren.

*Pro Portion ca.
262 Kalorien/ 1099 Joule*

Papaya - Aprikosencreme
(8 Portionen; ohne Foto)

2 Papayas (à 300 g)
1 Dose Aprikosen (480 g)
3–4 EL Ahornsirup
2 EL Zitronensaft
8 Blatt weiße Gelatine
1 Becher Crème double (125 g)
1 EL Kürbiskerne
0,1 l Schlagsahne

Eine Papaya schälen, halbieren, entkernen. Abgetropfte Aprikosen und Papaya pürieren. Mit Ahornsirup und Zitronensaft abschmecken. Gelatine 10 Minuten in kaltem Wasser einweichen, ausdrücken und bei milder Hitze auflösen. Unter das Fruchtpüree rühren. Im Kühlschrank halbfest werden lassen. Crème double mit den Schneebesen des Handrührgerätes aufschlagen und unter das Fruchtpüree heben. Erstarren lassen. Restliche Papaya schälen, entkernen und in Spalte schneiden. Das Dessert mit den Papayaspalten, Kürbiskernen und steifgeschlagener Sahne verzieren.

*Pro Portion ca.
200 Kalorien/840 Joule*

Fruchtgelee
(8 Portionen)

je 250 g Erdbeeren und Himbeeren
200 g Brombeeren
1 unbehandelte Zitrone
1/2 Bund Zitronenmelisse
1 l klarer Apfelsaft
1 Päckchen Vanillinzucker
2 EL Zucker
12 Blatt weiße Gelatine

Früchte verlesen, waschen, abtropfen lassen. Zitronenschale mit einem Juliennereißer abziehen und mit den Melisseblättchen in 8 Dessertschälchen verteilen. Saft und Zucker erhitzen. Eingeweichte Gelatine darin auflösen und den Saft über die Früchte gießen. Das Gelee im Kühlschrank fest werden lassen. Dazu schmeckt Vanillesoße.

*Pro Portion ca.
120 Kalorien/504 Joule*

Zart und süß: Sahne, Eier, Eierlikör und Raspelschokolade sind die Hauptzutaten für die Schokocreme

Kuchen für FESTTAGE

Kuchen für Festtage

Von APRIKOSEN- und HIMBEERGENÜSSEN

Es muß nicht immer eine Torte sein: Obstkuchen, Biskuitrolle oder der originelle Spiegeleierkuchen machen genausoviel her, schmecken nicht weniger gut – und sind in der Regel schneller gebacken. Ein Plus für alle, deren Zeit knapp bemessen ist.

Obstkuchen mit Füllung: Der Boden des Aprikosenkuchens besteht zur Hälfte aus Schokoladenteig. Gut zu vernaschen sind die kleinen, aber feinen Himbeertörtchen. Zwischen Mürbeteig und Früchten liegt eine sahnige Joghurtcreme

Aprikosenkuchen
(12 Stücke)

4 Eier
250 g Butter oder Margarine
175 g Zucker
abgeriebene Schale einer
unbehandelten Zitrone
500 g Mehl
1 Päckchen Backpulver
Saft 1/2 Zitrone
2-3 EL Milch
1 EL Kakaopulver
1 Dose Aprikosen (500 g)
Puderzucker

Eier, Fett, Zucker und Zitronenschale schaumig schlagen. Mehl, Backpulver, Zitronensaft und Milch zufügen und verrühren. Die Hälfte des Teiges in eine gefettete Karreeform (24 x 24 cm) geben. Kakaopulver unter den restlichen Teig rühren und über der hellen Teigschicht verteilen, glattstreichen. Aprikosen auf einem Sieb gut abtropfen lassen. Mit der Wölbung nach oben in den Teig drücken. Im Backofen (E-Herd: 200 Grad, Gasherd: Stufe 3) circa 1 Stunde backen. Rechtzeitig mit Pergamentpapier abdecken. Den ausgekühlten Kuchen aus der Form lösen und diagonal durchschneiden. In Schmetter-

> **TIP**
> Wenn Sie den Kuchen in einer Springform (Ø 26 cm) backen: ebenfalls durchschneiden und „verkehrt" herum zusammensetzen.

lingsform wieder zusammenlegen und mit Puderzucker bestreuen.

*Pro Stück ca.
450 Kalorien/1880 Joule*

Himbeertörtchen
(12 Stück)

<u>Für den Teig:</u>
250 g Mehl
100 g Butter oder Margarine
50 g Zucker
1 Päckchen Vanillinzucker
1 Prise Salz
1 Eigelb
1 EL saure Sahne
<u>Für die Füllung:</u>
3 Becher Sahnejoghurt
(à 150 g)
abgeriebene Schale 1 Zitrone
50 g Zucker
1 Päckchen Vanillinzucker
Mark 1 Vanilleschote
2 cl Eierlikör
6 Blatt weiße Gelatine
<u>Außerdem:</u>
300 g tiefgefrorene

Himbeeren
1/2 Päck. roter Tortenguß
1/8 l roter Johannisbeersaft
1 EL Zucker
50 g Mandelblättchen

Teigzutaten verkneten. 2 Stunden im Kühlschrank ruhenlassen. 12 Torteletteförmchen ausfetten und den Teig darauf verteilen. Teig mehrmals mit einer Gabel einstechen. Im Backofen (E-Herd: 200 Grad; Gasherd: Stufe 3) 20 bis 25 Minuten backen, stürzen und auskühlen lassen. Für die Füllung Joghurt, Zitronenschale, Zucker, Vanillinzucker, Vanillemark und Eierlikör verrühren. Gelatine einweichen, ausdrücken und bei geringer Hitze auflösen. Unter die Joghurtmasse rühren, halbfest werden lassen und auf die Törtchen verteilen. Aufgetaute Himbeeren darauflegen. Tortenguß nach Packungsanweisung mit Johannisbeersaft und Zucker zubereiten, über die Himbeeren gießen. Mandelblättchen in einer beschichteten Pfanne rösten. Törtchen damit bestreuen.

*Pro Stück ca.
250 Kalorien/1050 Joule*

Spiegeleierkuchen: Was so täuschend echt aussieht, ist ein schnell gebackener Quark-Öl-Teig, auf den „Spiegeleier" aus Quark-Mascarpone-Creme und Aprikosen kommen

Erdbeer-Quark-Kuchen: Erfrischend und schön saftig, denn die roten Früchtchen liegen auf einer Marzipanschicht mit Quark-Sahne-Creme

Süß und cremig: Biskuitschnitten mit einer Füllung aus Joghurt, Sahne und Aprikosen

Spiegeleierkuchen
(ca. 20 Stücke)

Für den Teig:
150 g Magerquark
75 g Zucker
1 Päckchen Vanillinzucker
75 ml Milch
5 EL Öl
300 g Mehl
1 Päckchen Backpulver
Fett für das Blech
Für den Belag:
150 g Aprikosen (Dose)
4 EL Zitronensaft
300 g Magerquark
75 g Zucker
1 Päckchen Mascarpone
25 g gehackte Pistazien

Für den Teig Quark mit Zucker, Vanillinzucker, Milch und Öl verrühren. Mehl und Backpulver mischen und unter den Quark kneten. Den Teig ca. 2 cm dick ausrollen und auf ein gefettetes Blech legen Im Backofen (E-Herd: 180 Grad; Gasherd: Stufe 2–3) 15 Minuten backen. Aprikosen abtropfen lassen, dabei 100 ml Saft auffangen. Mit 2 EL Zitronensaft verrühren. Kuchen gleichmäßig mit einer Gabel einstechen und mit dem Saft beträufeln. Quark mit Zucker, Vanillinzucker, restlichem Zitronensaft und Mascarpone verrühren. Die Masse mit einem Eßlöffel auf den ausgekühlten Kuchen klecksen. Auf jeden Klecks eine Aprikosenhälfte legen. Die freibleibende Fläche mit Pistazien bestreuen.

*Pro Stück ca.
190 Kalorien/798 Joule;
Zubereitungszeit: ca. 1 Std.*

Erdbeer-Quark-Kuchen
(8 Stücke)

300 g tiefgefrorener Blätterteig
Fett für die Form
100 g Marzipanrohmasse
Für die Quarkmasse:
250 g Magerquark
250 g Sahnequark
2 Eier, 175 g Zucker
1 Päckchen Vanillinzucker
Schale 1 unbehandelten Zitrone
1 Prise Salz, 1 EL Speisestärke
Für den Belag:
600 g Erdbeeren
1 Päckchen roter Tortenguß
2 EL gehackte Pistazien oder Zitronenmelisse-Blättchen

Blätterteig auftauen, ausrollen und in eine gefettete rechteckige Form (20 x 30 cm) legen. Einen Rand hochziehen. Marzipan in Größe der Backform ausrollen, auf den Blätterteig legen. Quark mit Eiern, Zucker, Vanillinzucker, abgeriebener Zitronenschale, Salz und Speisestärke verrühren. Auf das Marzipan streichen und im Backofen (E-Herd: 200 Grad; Gasherd: Stufe 3) 30–40 Minuten backen. Erdbeeren waschen, halbieren und auf dem Boden verteilen. Tortenguß nach Packungsanleitung anrühren und auf den Erdbeeren verteilen. Mit Pistazien bestreuen.

*Pro Stück ca.
450 Kalorien/1890 Joule*

Biskuitschnitten
(12 Stücke)

Für den Mürbeteigboden:
60 g Butter oder Margarine
150 g Mehl, 2 EL Zucker
1 Eigelb, 1 Prise Salz
Für den Biskuitboden:
3 Eier, 1 Prise Salz
120 g Zucker
1 Päckchen Vanillinzucker
45 g Mehl, 45 g Speisestärke
1/2 TL Backpulver
abgeriebene Schale
1 unbehandelten Zitrone
2 El Zitronensaft
Für die Füllung:
1 Dose Aprikosenhälften (250 g)
500 g Vollmilch-Joghurt
2 El Zitronensaft
50 g Zucker
1 Bech. Schlagsahne (250 g)
10 Blatt weiße Gelatine
1/2 Tüte Aprikotier-back (100 g) zum Bestreichen
Puderzucker zum Bestäuben
50 g gemahlene Pistazienkerne

Alle Zutaten für den Mürbeteigboden verkneten und in Frischhaltefolie verpackt 30 Minuten kühl stellen. Eier trennen. Eiweiß mit 3 EL kaltem Wasser sehr steif schlagen. Salz, Zucker und Vanillinzucker unter Rühren einrieseln lassen. Die Eigelbe vorsichtig unterrühren. Mehl, Stärke und Backpulver sieben und zusammen mit Zitronenschale und -saft unter die Eimasse heben. Ein mit Backpapier ausgelegtes Backblech mit der Biskuitmasse bestreichen und im Backofen (E-Herd: 200 Grad; Gasherd: Stufe 3) 15–20 Minuten backen. Sofort stürzen, Backpapier abziehen und den Boden längs halbieren. Die Hälfte des Backbleches fetten, mit Backpapier auslegen und den Mürbeteig darauf ausrollen. Mit einer Gabel mehrmals einstechen. Im Backofen (E-Herd: 200 Grad; Gasherd: Stufe 3) 15 Minuten backen. Papier abziehen. Auskühlen lassen. Für die Füllung Aprikosen abtropfen lassen und in Würfel schneiden. Joghurt mit Zitronensaft und Zucker verrühren. Sahne steif schlagen. Gelatine einweichen, ausdrücken und bei milder Hitze auflösen. Unter die Joghurtmasse rühren. Sahne und Aprikosen unterheben und halbfest werden lassen. Aprikotier-back im Wasserbad erhitzen und auf die Mürbeteigplatte streichen. Eine Biskuitbodenhälfte darauf legen, leicht andrücken. Joghurtmasse darauf verteilen. Die zweite Biskuitplatte darauf legen. Mit Puderzucker bestäuben. Kuchen in 12 Stücke teilen, kleine Osterhasen-Ausstechformen darauf legen und mit gemahlenen Pistazien ausstreuen.

*Pro Stück ca.
400 Kalorien/1680 Joule*

Kuchen für Festtage

Genuß auf sächsisch: Die klassische Eierschecke ist ein Blechkuchen aus Hefeteig mit einem saftigen Belag aus Quark, Eiern und Aprikosen

Früchte im Teig: Der Streuselkuchen erhält durch Mohn, Mascarpone-Quarkcreme und Pfirsichhälften seinen unverwechselbaren Geschmack

Biskuitrolle: Eine üppige Sahnequarkcreme mit einem großen Schuß Eierlikör und tiefgefrorene Sauerkirschen geben der locker-leichten Rolle Frische. Die kleinen Schmetterlinge aus farbigem Zuckerguß sind schnell gespritzt

Eierschecke
(20 Stück)

Für den Teig:
500 g Mehl
1 Würfel frische Hefe oder
1 Tüte Trockenhefe
75 g Zucker, Prise Salz
75 g weiche Butter oder Margarine
1 Ei
1/4 l lauwarme Milch
Fett für das Blech
Für den Belag:
150 g getrocknete Aprikosen
750 g Magerquark
350 g Zucker, 6 Eier
100 g gehackte Mandeln
250 g weiche Butter oder Margarine
1 EL Mehl, 1 TL Backpulver
Puderzucker zum Bestäuben

Die Teigzutaten in eine Schüssel geben und zu einem Teig verkneten. Zugedeckt an einem warmen Ort 20 Minuten gehen lassen. Teig nochmals durchkneten und eine gefettete Fettpfanne damit auslegen. Einen kleinen Rand formen. Für den Belag Aprikosen abspülen, trockentupfen und in Stücke schneiden. Quark, 150 g Zucker und 1 Ei schaumig rühren und gleichmäßig auf dem Teig verteilen. Aprikosen und Mandeln überstreuen. Die übrigen Eier trennen. Eigelb, Fett und restlichen Zucker schaumig rühren. Mehl und Backpulver mischen, zugeben. Eiweiß steif schlagen und unterheben. Masse auf dem Quark verteilen. Im Backofen (E-Herd: 175 Grad; Gasherd: Stufe 2) 25–30 Minuten backen. Rechtzeitig mit Pergamentpapier abdecken, damit die Oberfläche nicht zu stark bräunt. Kuchen auskühlen lassen und mit Puderzucker bestäuben. In Stücke schneiden.

Pro Stück ca.
440 Kalorien/1848 Joule

Streuselkuchen
(16 Stücke)

Für den Teig:
150 g Magerquark
75 g Zucker
1 Päckchen Vanillinzucker
5–6 EL Milch
5–6 EL Öl, 300 g Mehl
1 Päckchen Backpulver
Für den Belag:
1 Paket Mohn-back (250 g)
500 g Mascarpone
250 g Magerquark
3 Eier, 1 EL Speisestärke
100 g Zucker
1 Päckchen Vanillinzucker
abgeriebene Schale 1 unbehandelten Zitrone
2 Dosen Pfirsichhälften (à 500 g)
Für die Streusel:
180 g Butter oder Margarine, 300 g Mehl
125 g Zucker, 1 Prise Salz

Teigzutaten verkneten und auf einem gefetteten Backblech ausrollen, einen kleinen Rand hochziehen. Den Boden mit Mohn-back bestreichen. Mascarpone mit Quark, Eiern, Speisestärke, Zucker, Vanillinzucker und abgeriebener Zitronenschale verrühren, darauf streichen. Pfirsiche abtropfen lassen und in Spalte schneiden. Auf die Quarkmasse geben. Die restlichen Zutaten mit den Knethaken des Handrührgerätes zu Streuseln verarbeiten und darüber streuen. Den Kuchen im Backofen (E-Herd: 200 Grad; Gasherd: Stufe 3) 35–45 Minuten backen, auskühlen lassen.

Pro Stück ca.
500 Kalorien/2100 Joule

Biskuitrolle mit Eierlikör-Quark-Füllung
(15 Stücke)

Für den Teig:
4 Eier, 175 g Zucker
40 g Speisestärke
40 g Mehl, 1 TL Backpulver
40 g gemahlene Mandeln
Für die Füllung:
500 g Sahnequark
1/8 l Eierlikör
2 Eigelb, 80 g Zucker
1 Päckchen Vanillinzucker
abgeriebene Schale einer Zitrone
6 Blatt weiße Gelatine
300 g tiefgefrorene Sauerkirschen
Außerdem:
1 Eiweiß
250 g Puderzucker
rote oder gelbe Speisefarbe

Eier trennen. Eiweiß und 4 EL kaltes Wasser sehr steif schlagen. Zucker einrieseln lassen. Eigelb unterheben. Stärke, Mehl, Backpulver mischen, dazusieben. Mandeln zufügen. Auf ein mit Backpapier ausgelegtes Backblech streichen und im Backofen (E-Herd: 175 Grad; Gasherd: Stufe 2) 30 Minuten backen. Auf ein feuchtes Geschirrtuch stürzen, auskühlen lassen. Für die Füllung Quark, Eierlikör, Eigelb, Zucker, Vanillinzucker und Zitronenschale verrühren. Gelatine in kaltem Wasser einweichen, ausdrücken und bei geringer Hitze auflösen. Die Gelatine unter den Quark rühren. Aufgetaute Kirschen zugeben und im Kühlschrank halbfest werden lassen. Füllung auf den Teigboden streichen und zusammenrollen. Im Kühlschrank 2–3 Stunden fest werden lassen. Anschließend mit Puderzucker bestäuben.
Für die Schmetterlinge Eiweiß mit Puderzucker sehr steif schlagen. Masse teilen. Eine Hälfte mit Speisestärke färben und in einen Gefrierbeutel füllen. Spitze abschneiden. Auf Backtrennpapier Schmetterlinge („Flügel") spritzen. Trocknen lassen (am besten über Nacht). Schmetterlinge mit restlichem Zuckerguß verzieren (Flügel, Kopf, Fühler). Fest werden lassen. Biskuitrolle damit garnieren.

Pro Stück ca.
290 Kalorien/1220 Joule

PIKANTE *Zwischenmahlzeiten*

PASTETE, QUICHE und Co.

Egal, wie köstlich die Torten und Pralinen geschmeckt haben: Irgendwann sehnt man sich nach etwas Herzhaftem. Wie schön, wenn Sie Ihre Gäste dann mit einer Geflügelpastete, pikant gefüllten Windbeuteln oder einer Gemüsequiche überraschen können.

Klein und fein: Geflügelpastete, deren heller Teig mit Frühlingsmotiven verziert wird

Geflügelpasteten
(4 Stück)

Für den Teig:
300 g Mehl
1/2 TL Salz, 1 Ei
150 g Butter oder Margarine
3 EL eiskaltes Wasser

Für die Füllung:
100 g gekochter Schinken
0,1 l Madeira (Dessertwein)
350 g frische und 300 g geräucherte Putenbrust
100 g fetter geräucherter Speck, 100 g Champignons
1 EL Öl, 1 Bund Petersilie
1 Ei, 2 EL Schlagsahne
1–1 1/2 TL Salz
1/2 TL Pfeffer
1 Eigelb zum Bestreichen

Zutaten für den Teig in eine Schüssel geben und mit den Knethaken des Handrührgerätes verkneten. Ca. 2 Stunden abgedeckt im Kühlschrank durchkühlen lassen. Für die Füllung Schinken in Streifen schneiden und 30 Minuten in Madeira marinieren. Putenbrust und Speck würfeln. Beides zuerst durch die grobe, dann durch die feine Scheibe des Fleischwolfes drehen. Champignons putzen, waschen und blättrig schneiden. Im heißen Öl andünsten, abkühlen. Petersilie abspülen, hacken. Fleisch, Schinken, Marinade sowie Pilze, Petersilie und die restlichen Zutaten vermengen. Den Teig zwischen Plastikfolie (aufgeschnittene Gefrierbeutel) dünn ausrollen. Vier Teigstücke in Eiform von 12 cm Länge für den Boden und vier weitere, etwa 2 bis 3 cm größere, für den Deckel ausschneiden. Auf die Böden den Fleischteig verteilen und diesen zu einem halben Ei formen. Mit den Deckeln abdecken. Ränder festdrücken und den Teig mehrmals einstechen. Aus dem restlichen Teig 1 cm breite Streifen schneiden, zu Kordeln formen und um die Pasteten legen. Enden zu Schleifen formen. Teigdecke mit Teigzweigen verzieren. Auf ein mit Backpapier ausgelegtes Blech legen und im Backofen (E-Herd: 175 Grad; Gasherd: Stufe 2) 35 bis 45 Minuten backen. Nach 15 Minuten mit verquirltem Eigelb bestreichen. Eventuell mit Pergamentpapier abdecken.

Pro Stück ca.
1128 Kalorien/ 4735 Joule

Gemüsequiche
(8 Stücke)

Für den Teig:
200 g Mehl (Type 550)
100 g Butter oder Margarine
1 Ei, Salz

Für den Belag:
300 g Möhren
300 g Zucchini
200 g Champignons, 30 g Butter oder Margarine, Salz, Pfeffer, Koriander
50 g Sardellenfilets
2 Eier, 200 g Schlagsahne

Die Teigzutaten mit 1 EL Wasser verkneten und in Folie verpackt im Kühlschrank 30 Minuten ruhenlassen. Eine gefettete Pie- oder Springform (26 cm Ø) mit Teig auslegen und einen Rand hochziehen. Den Boden mehrmals mit einer Gabel einstechen und im Backofen (E-Herd: 200 Grad; Gasherd: Stufe 3) 10–12 Minuten vorbacken, herausnehmen. Für den Belag Möhren und Zucchini putzen, waschen und in Scheiben schneiden. Pilze säubern und vierteln. Gemüse im heißen Fett andünsten, würzen und 5 Minuten garen. Auf dem Teigboden verteilen. Sardellenfilets abspülen und darauf verteilen. Eier mit Sahne, Salz und Pfeffer verrühren, darübergießen. Quiche noch weitere 20–25 Minuten garen.

Pro Portion ca.
370 Kalorien/ 1554 Joule

Innen pikant: Natürlich vertragen luftig-leichte Windbeutel aus Brandteig nicht nur süße Füllungen. Hier werden hartgekochte Eier, Mayonnaise, Quark, Gewürze und frische Kräuter miteinander verrührt und in die Windbeutel gefüllt. Dazu kommen noch Streifen von geräuchertem Lachs und Dillstengel

Gefüllte Windbeutel
(ca. 20 Stück)

1/4 l Wasser
50 g Butter oder Margarine
1/2 TL Salz
150 g Mehl
4 Eier
1/2 TL Backpulver

<u>Für die Füllung:</u>
2 hartgekochte Eier
2 EL Mayonnaise
200 g Sahnequark
200 g Magerquark
Salz, Pfeffer
1 Prise Zucker
2 Bund Petersilie
2 Bund Dill
100 g Lachsschnitzel
etwas Dill zum Garnieren

Wasser, Fett und Salz aufkochen. Mehl zugeben und alles mit den Knethaken des Handrührgerätes verkneten. Nach und nach die Eier unterrühren, mit dem letzten Ei das Backpulver zugeben. Den Teig in einen Spritzbeutel mit Sterntülle füllen und ca. 20 Teighäufchen auf ein mit Backpapier ausgelegtes Blech spritzen. Die Windbeutel im Backofen (E-Herd: 200 Grad; Gasherd: Stufe 3) 30–35 Minuten backen. Herausnehmen und sofort aufschneiden. Für die Füllung Eier pellen, Eigelb durch ein Sieb streichen, Eiweiß fein hacken. Beides mit Mayonnaise, Quark, Gewürzen und gehackten Kräutern verrühren, in die Windbeutel füllen. Lachs in Streifen schneiden, auf die Füllung legen. Mit etwas Dill und gehacktem Eiweiß garnieren.

*Pro Stück ca.
120 Kalorien/504 Joule*

Pikante Zwischenmahlzeiten

Würziger Brotaufstrich nach französischem Rezept: Kaninchen-Rillette. Schmeckt gut auf kernigem Bauernbrot oder auf Baguette

Kaninchen-Rillette
(20 Scheiben)

700 g frischer Schweinebauch ohne Schwarten
200 g fetter geräucherter Speck
1 küchenfertiges Kaninchen (ca. 1,7 kg)
200 g Möhren, Salz, Pfeffer
1 Msp. Nelkenpulver
2 TL getrockneter Estragon
1 Lorbeerblatt
6 Wacholderbeeren

Schweinebauch würfeln. Speck in sehr feine Würfel schneiden. Kaninchen in Stücke zerteilen, waschen und trockentupfen. Möhren putzen, waschen und in Scheiben schneiden. Den Speck 30 Minuten in einem großen Topf auslassen. Schweinebauch, Kaninchen, Möhren und die Gewürze zufügen. 1 Tasse Wasser angießen und bei schwacher Hitze circa 3 Stunden im geschlossenen Topf garen. Kaninchen herausnehmen und das Fleisch von den Knochen lösen. Fleisch mit einer Gabel oder einem Kartoffelstampfer zerdrücken und wieder in den Topf geben. Nochmals mit Salz und Pfeffer kräftig abschmecken. In eine Terrinenform oder Schüssel füllen und abgedeckt kühl stellen. Im Kühlschrank gut 14 Tage haltbar.

*Pro Scheibe ca.
310 Kalorien/ 1302 Joule*

Osterburger
(8 Stück)

Für den Teig:
250 g Weizenvollkornmehl
1/2 Würfel frische Hefe (20 g)
1 Ei, 50 g Butter oder Margarine
1 TL Salz, 1/8 l Milch
1 Eigelb
1 EL Schlagsahne
20 g Butter oder Margarine
Für den Salat:
1 Kopf Bataviasalat (oder ein anderer Blattsalat)
1 kleine Dose Ananas (145 g)
2 Kiwis (100 g)
4 Hähnchenbrustfilets (500 g)
2 Zitronen, 2 EL Öl, Salz, Pfeffer
Für die Soße:
1 Glas Cumberlandsoße (100 g)
1 EL Portwein
1 TL eingelegte grüne Pfefferkörner

Für den Teig Mehl, Hefe, Ei, Fett und Salz vermengen. Lauwarme Milch langsam zufügen und alles zu einem glatten Teig verkneten. Den Teig zugedeckt an einem warmen Ort 30 Minuten gehen lassen. Teig etwa 2 cm dick ausrollen und 8 Osterhasen ausstechen. Auf ein mit Backpapier ausgelegtes Backblech legen. Eigelb mit Sahne verrühren, die Hasen damit bestreichen. Nochmals 15 Minuten gehen lassen. Im Backofen (E-Herd: 200 Grad; Gasherd: Stufe 3) 15 Minuten backen. Die Hasen abkühlen lassen und aufschneiden. Den unteren Teil mit etwas Fett bestreichen. Salatblätter abspülen, trockentupfen. Ananas abtropfen lassen. Kiwis schälen, in Scheiben schneiden. Hähnchenbrust abspülen und 30 Minuten in Zitronensaft marinieren. Trockentupfen und im heißen Fett ca. 7 Minuten braten, würzen. Abkühlen lassen und in Scheiben schneiden. Alle Zutaten auf den Brötchen verteilen. Cumberlandsoße mit Portwein und Pfeffer verrühren, darübergeben. Das Oberteil der Hasenhälften darauflegen.

*Pro Burger ca.
345 Kalorien/ 1449 Joule*

Die österliche Variante vom Hamburger: Osterburger, die ganz raffiniert mit Salat, Ananas, Kiwi und gebratener Hähnchenbrust belegt wurden

Österliche TISCHDEKORATION

Ein üppiger Strauß aus Flieder, Tulpen und Tazetten liegt bereit, um in der schönsten Vase arrangiert zu werden. Blaue Primeln, in einen Korb gepflanzt, schmücken den Kaffeetisch. Die Eier sind in den gebackenen Osterkörben aus Quark-Ölteig gut aufgehoben. Und von der Serviette grüßt der kunterbunte JOURNAL-Osterhase (er wird aufgesprüht)

Österliche Tischdekoration

FEIN AUFGETISCHT *für gute Freunde*

Tischlein, deck dich! Nein, von alleine klappt das natürlich nicht. Aber mit Phantasie und Kreativität läßt sich, ganz nach Gusto, der Ostertisch höchst eindrucksvoll schmücken. Wer's stilvoll mag, bevorzugt zarte, transparente Töne wie auf Seite 62, und wer Farbenpracht liebt, wird sich für die fröhlich-bunte Version links entscheiden. Doch damit nicht genug: Ein Highlight jeder Festtafel kann auch mit Ostermotiven bemaltes Porzellan oder eine aparte, selbstangefertigte Leinendecke sein. Der Aufwand lohnt sich in jedem Fall, denn solche Prachtstücke können Sie selbstverständlich jedes Jahr wiederverwenden.

Gesprühte Hasen auf Servietten

Material: Stoffservietten, Grundausstattungskasten: „Airbrush Textil" (Revell), feiner Stoffmalstift für die Konturen, Kurvenmesser, selbstklebende durchsichtige Folie, dünner Folienschreiber, Klebeband, Pinsel, Papier zum Abdecken, z.B. Zeitungen, Pergamentpapier

So wirds gemacht:
- Mit dem Folienschreiber das Motiv auf die Folie mit mindestens 6 cm Randabstand übertragen und alle Konturen bzw. Farbflächen mit dem Kurvenmesser vorsichtig schneiden.
- Folienteile mit Randzugabe auf den Stoff kleben und die übrigen Stoffflächen sorgfältig abdecken.
- In das Abdeckpapier ein Fenster schneiden, das etwas größer ist als das Motiv, und dieses Fenster überlegen. Die Ränder mit Klebeband auf dem Folienpapier festkleben.
- Motivflächen einzeln freilegen, dabei das entfernte Folienteil vorübergehend auf das Trägerpapier kleben.
- Fläche sprühen und gut trocknen lassen.
- Folienteil wieder sorgfältig aufkleben und die nächste Fläche ebenso arbeiten, bis alle Flächen gesprayt sind.
- Konturen mit dem Stoffmalstift oder einem sehr feinen Pinsel aufmalen.
- Nach dem Trocknen Pergamentpapier über die Motive legen und durch Bügeln die Farbe fixieren.

> **TIP**
> Bei dieser Art des Abklebens kann eventuell doch etwas Farbe unter die Folienteile laufen. Das passiert ganz sicher nicht, wenn Sie für alle Flächen, die eine Farbe haben sollen, die Schablone aus einem Stück Folie schneiden und abkleben, dann sprayen. Diese Art ist umständlicher und zeitaufwendiger, das Ergebnis aber besser.

Motivvorlage für den gemalten und gesprühten Hasen

Motivvorlage für den gestickten und gemalten Hasen

Österliche Tischdekoration

Fein aufgetischt: Die aparte Leinendecke wird mit einer Bordüre aus applizierten Eiermotiven verziert, die Servietten dazu mit einem Eckmotiv. Wirkt aus Stoffen in Naturtönen ganz besonders edel

Applizierte Leinendecke und Servietten

- Für die Tischdecke Leinen in entsprechender Größe (Tisch ausmessen plus mindestens 40 cm an jeder Seite zugeben) zuschneiden und säumen.

- Servietten etwa 50 x 50 cm groß zuschneiden und rundum mit Nessel einfassen.

- Für die Applikation verschieden getönte und strukturierte Nessel- und Leinenstoffreste verwenden. Diese auf doppelt beschichtetes Applikationsvlies bügeln, Eiformen in unterschiedlichen Grössen und beliebiger Menge ausschneiden.

- Eimotive auf Tischdecke und Servietten anordnen, aufbügeln und an den Kanten mit eng eingestelltem Zickzackstich aufsteppen.

Gebackene Osterkörbe
(4 Stück)

Für den Teig:
150 g Magerquark
75 g Zucker, 6 EL Milch
6 EL Öl, Prise Salz
300 g Weizen-Vollkornmehl
1 Päckchen Backpulver
1 Eigelb
Puderzucker zum Bestäuben

Für den Teig Quark, Zucker, Milch, Öl und Salz verrühren. Mehl und Backpulver mischen und unterkneten. Den Teig in 4 Portionen teilen. Aus jeder Teigmenge 12 dünne, 20 cm lange Stränge formen. Für jeden der vier Körbe je 6 Stränge quer und 6 Stränge längs wie beim Stopfen locker verflechten. Teignetze über umgedrehte feuerfeste gefettete Dessertschälchen (10–12 cm Ø) legen Teigenden zu einem Rand verflechten. Auf ein mit Backpapier ausgelegtes Blech stellen. Eigelb mit etwas Wasser verquirlen und die Teigkörbchen damit bepinseln. Im Backofen (E-Herd: 175 Grad; Gasherd: Stufe 2) 25–30 Minuten backen. Etwas abkühlen lassen und vorsichtig von den Schälchen lösen. Rand mit Puderzucker bestreuen. Nach Belieben mit Eiern füllen.

*Pro Stück ca.
550 Kalorien/2310 Joule*

Niedliches Nest, das man essen kann: gebackener Osterkorb

Österliche Tischdekoration

Lackset-Huhn

Material:
Für ein Set brauchen Sie 38 cm x 42 cm Lackfolie oder Lackpapier, Lackmalstifte (Pelikan) in Schwarz, Rot und Gelb.

So wird's gemacht:
Huhn ausschneiden. Kamm und Kehllappen rot, Schnabel und Fuß gelb ausmalen. Auge, Nasenloch, Schnabelteilung und Flügel mit dem schwarzen Lackmalstift einzeichnen.

Schemaschnitt für das Lackset-Huhn
(1 Quadrat = 4 cm x 4 cm)

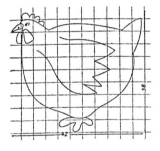

Huhn in Lack: Diese schnelle Deko-Idee aus Folie belebt jeden Frühstückstisch. Wer will, kann das Huhn-Set auch aus Lackpapier basteln

Miniaturvasen

- Eier am spitzen Ende „köpfen" (geht noch besser bei weichgekochten Eiern, die man gleich auslöffeln und danach gut spülen kann).
- Eier auf Papp- oder Holzscheiben kleben, mit Plakafarben anmalen.
- Trocknen lassen, mit Lack überziehen.

Für kleine Blüten: Buntbemalte Eierschalen als Miniaturvasen sind eine hübsche Idee für die Ostertafel. Als Gruppe eine fröhliche Tischdekoration, einzeln eine originelle „Tischkarte" für jeden Gast

Tierisches auf Teller und Becher: Schlichtes weißes Porzellan bekommt mit fröhlichen Figuren ein ganz individuelles Dekor. Auch hübsch zum Verschenken

Blätterteig-Hasen
(6 Stück)

6 Scheiben tiefgefrorenen Blätterteig (450 g)
1 Eigelb, 2 EL Milch
6 Rosinen

Blätterteigscheiben auftauen. Aus jeder Scheibe 1 großen Hasen ausstechen oder mit Hilfe einer Pappschablone ausschneiden. Mit den Teigresten Ohren und Schwanz verzieren. Auf ein mit Backpapier ausgelegtes Backblech legen. Eigelb und Milch verrühren und die Hasen damit bepinseln. Rosinen als Augen aufdrücken und die Hasen im Backofen (E-Herd: 200 Grad; Gasherd Stufe 3) ca. 15 Minuten backen. Auskühlen lassen.

*Pro Stück ca.
300 Kalorien/1300 Joule*

Klar und stilvoll: Im Mittelpunkt dieser Dekoration steht eine mit Wasser gefüllte Glasschale, die wir mit zarten Efeublättern, Narzissen und Plastikeiern gefüllt haben. Die selbstgebackenen Hasen in Cellopahn darf sich der Gast mit nach Hause nehmen

Oster-Geschirr

- Weißes Porzellan mit Spülmittel fettfrei säubern.
- Schablone (Bastelladen) mit Klebstreifen auf dem Teil befestigen und das Motiv mit Porzellanmalfarbe (Deco Art Ultra Gloss, Bastelladen) aufmalen bzw. mit einem Schwamm auftupfen.

Kacheln

Material:
Einfarbige schlichte Kacheln, Acryl- oder Abtönfarbe, Sprühlack, Schwämmchen, Cutter, Nagelschere.

So wird's gemacht:
- Rasterzeichnungen vergrößern.
- Die Flächen, die nachher farbig werden sollen, vorsichtig ausschneiden – es entstehen Schablonen.
- Schablone auf die Kachel legen, am Rand evtl. mit Klebstreifen befestigen.
- Abtönfarben in gewünschter Farbe anrühren und mit wenig Wasser vermengen – Achtung, die Farbe darf nicht flüssig sein!
- Mit dem ganz leicht angefeuchteten Schwämmchen die Farbe auf die Schablone tupfen, evtl. mit einer 2. Farbe für dunklere Stellen oder Muster nachtupfen.
- Schablone vorsichtig abziehen.
- Unebenheiten mit einem Q-Tip entfernen.
- Nach dem Trocknen das Motiv mit Sprühlack überziehen.

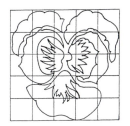
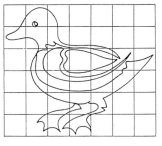

Kachelmotive
1 Quadrat = 2cm x 2 cm

Fliesenbilder: Ob als Untersetzer oder Wandschmuck – mit farbenfrohen Motiven verziert machen schlichte weiße Kacheln aus dem Baumarkt Solokarriere

Die dekorativen Serviettenhalter sind ganz leicht nachzumachen: Nehmen Sie einfache Gardinenringe aus silberfarbenem Kunststoff oder transparente Duschvorhangringe aus Acryl. Die Schmetterlinge (in Bastelläden) werden mit einem feinen Draht auf je zwei Ringen befestigt

Ein Fest fürs Auge FRÜHLINGS-BLUMEN

Ein Fest fürs Auge: Frühlingsblumen

BLÜTENTRÄUME *mit Sti(e)l*

Nach den dunklen Wintermonaten wirkt die langersehnte Blütenpracht des Frühlings immer wieder wie ein Wunder. Grund genug, sich die dekorativen Boten der schönsten Zeit des Jahres in die eigenen vier Wände zu holen. Beim Arrangieren von Tulpen, Narzissen oder Hyazinthen sind Ihrer Phantasie, wie Sie sehen werden, keine Grenzen gesetzt.

Tulpen im Korb: So machen Sie aus Bordmitteln ein wunderschönes Blumen-Arrangement. In einen Korb kommt ein breites Glas (oder zwei) für die Tulpen, die Mitte füllen Pappeier, die mit Geschenk- und Japanpapier beklebt werden

Eier mit Geschenkpapier bekleben

Material:
Pappei (Haymann), weiße Plakafarbe (Pelikan), Geschenkpapier, Kleister, Pinsel, Cutter, weiches Tuch, um Papier festzudrücken, Mattlack (Marabu)

So wird's gemacht:
- Ei vor dem Bekleben mit Plakafarbe grundieren.
- Bekleben der unteren Eihälfte: Ca. die Hälfte des Bogens mittig auf das untere Ei auflegen und zuerst ohne Kleister anpassen (Abnäher und Falten senkrecht zur Kante kniffen).
- Papier rundherum mit Nahtzugabe beschneiden.
- Kleister auftragen und vorgeformtes Papier auflegen und Stück für Stück von der Mitte aus zum Rand hin andrücken. Abnäher einschneiden, wenn nötig, Querfalten legen, vor dem Festkleben einschneiden.
- Papier auf unterer Kante festkleben und andrücken.
- Nach dem Trocknen überschüssiges Papier mit dem Cutter abschneiden.
- Beziehen der oberen Eihälfte: ebenfalls Papier vorformen und wie bei der unteren Hälfte verfahren. Überstehendes Papier auf 1 cm zurückschneiden, um den Rand herum nach innen kleben.
- Eihälften lackieren.
- Papier in Stücke reißen, Ei mit Kleister bestreichen, bekleben und lackieren.
- Pappei zum Öffnen: Überstehendes Papier an beiden Hälften auf 1 cm zurückschneiden, um die Ränder herum nach innen kleben.

Eier mit Japanpapier bekleben

Material:
Eier aus Plastik oder Pappe (Haymann), farbiges Japanpapier, weiße Plakafarbe (Pelikan), Kleister, Pinsel, Klarlack (Marabu).

So wird's gemacht:
- Pappei mit Plaka grundieren.

Tischkranz mit Stiefmütterchen

Einen fertigen Mooskranz (im Blumengeschäft) auf eine Schale – oder wie hier – eine Korbetagere legen. Die Wurzelballen von vier Stiefmütterchen jeweils auf etwa die Hälfte reduzieren und in feuchtes Moos einwickeln. Kaninchendraht (im Baumarkt) um die Ballen formen und die Pflanzen auf den Mooskranz setzen (alle zwei Tage mit einer Blumenspritze befeuchten). Dekoration sind Metallenten (im Dekoratonsbedarf), Holzhasen, getrocknete Immortellen und Schleifenband.

Leuchtender Tischmittelpunkt: So hübsch drapiert kommen Stiefmütterchen im Frühling ganz groß raus

Damit die weißen Tazetten pünktlich zum Osterfest blühen, müssen sie etwa zwei Wochen vorher als Blumenzwiebeln mit Erde in den mit Plastikfolie ausgelegten Korb gepflanzt werden. An einem sonnigen Fenster treiben sie am besten. Eine festgesteckte Schleife ist zusätzlicher Schmuck

Eine Schüssel voller Blumen: Die große Suppenterrine wird für den dicken Frühlingsstrauß zweckentfremdet. Damit Hyazinthen, gefüllte Ranunkeln und Efeu einen guten Stand haben, am besten in Steckmasse befestigen. Dazu: Pastelleier ganz in Pink

Ein Fest fürs Auge: Frühlingsblumen

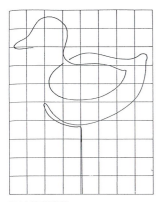

DRAHTENTE
1 Quadrat = 2 cm x 2 cm

Drahtente

Material:
Schweißstäbe in Kupfer oder Messing und Zange.

So wird's gemacht:
- Zeichnung vergrößern.
- Draht nach der Schablone biegen: sanfte Rundungen mit der Hand, starke Rundungen mit der Zange.
- Am Schnabel beginnen, weiter den Kopf, den Flügel, anschließend den Körper und den Stiel biegen.

Effektvoller Blickfang: Schnittlauch oder Efeu werden mit gebogenen Drahtenten dekoriert

Üppig bepflanzt: Etwa eine Woche vor Ostern sollten Sie das Tulpenbeet vorbereiten: Moos in eine Holzkiste setzen, mit Folie belegen, Erde drauffüllen und stark knospige Tulpenzwiebeln pflanzen. Noch einige Tage in einen kühlen Raum (18 Grad) stellen, ab und zu wässern

Es muß nicht immer eine Vase sein: Der Korb aus Weidenholz und Blech wird mit Folie und Steckmasse ausgefüllt und hinein kommen gelbblühende Narzissen und Primeln

RUND & BUNT
Österliche Deko-Objekte

Natürlich dreht sich alles ums Ei! Wir geben Ihnen nicht nur vielfältige Verzierungstips, sondern zeigen Ihnen auch, wie die kunstvoll dekorierten Eier optimal zur Geltung kommen: als fröhliche Schmuckelemente an Türgirlanden oder Osterkränzen, pfiffig arrangiert in einem aufgezupften Topfschrubber als Deko-Objekte oder umhüllt von originellen, selbstgestalteten Eierbechern. Schauen Sie selbst, und lassen Sie sich inspirieren!

Ländlich: Auf dem Kranz aus Moos ist der halbe Hühnerhof versammelt. Ein natürlicher Wandschmuck, der sich einfach machen läßt. Mooskränze gibt's in Blumenläden und Gartenmärkten, Bänder, Kunstblumen und Deko-Vögel in Bastelläden und Kaufhäusern. Sie werden mit Draht in den Kranz gesteckt

Strohkranz „Natur"

Material:
Strohkranz, Bast im Bündel, Strohhalme, Watte-Eier, etwas festeren Blumendraht oder Drahtstäbe (gibt's alles im Bastelladen), Heißkleberpistole (Bauhaus).

So wird's gemacht:
- Den Baststrang mit Bast abbinden (etwa alle 15 bis 20 cm) und zwischen den Bindestellen durchschneiden, so daß Büschel entstehen.
- Strohhalme auf gewünschte Länge schneiden und zusammenbinden.
- Die Eier mit Heißkleber an den Drahtstäben bzw. Drahtstücken befestigen.
- Bastbüschel nach und nach mit Heißkleber auf den Strohkranz kleben, dazwischen Strohbündel und Eier anbringen.
- Als Schleife eine Hanfschnur befestigen.

In Stroh gebettet: Sieht aus wie frisch vom Lande – weiße Watte-Eier mit Strohbüscheln rund gesteckt als österlicher Türschmuck. Der Kranz macht sich außerdem hübsch als Tisch-Deko beim Country-Brunch und übersteht mühelos mehrere Osterfeste

Schmücken, Basteln und Gestalten zu Ostern

Freiluft-Ostern: Die Hängebirke (aus der Baumschule) wird in einen Topf mit Gartenerde gepflanzt und draußen aufgestellt. In den Zweigen hängen – wetterunempfindliche – Glas-, Holz- und Lackeier sowie Hasen. Nach Ostern können Sie das Bäumchen dann in den Garten pflanzen

Osterbaum mit Hahn

Material:
2 Strohkränze in verschiedenen Größen, ein runder Holzstab (Bastelläden), Hahn aus Holz, Seidenbänder, diverse Ostereier, Seidenblätter (Blumengeschäfte), Holzspäne (z.B. vom Tischler), Blumentopf aus Ton, Gips, Holzleim (Baumarkt), Sprühlack in Rot, Gelb und Blau.

So wird's gemacht:
- Holzstab an einem Ende spalten, den Hahn in den Spalt stecken und festkleben.
- Gelb gesprühten Blumentopf mit angerührtem Gips füllen, ein bißchen aushärten lassen, Holzstab mit Hahn in die Mitte stecken.
- Strohkränze mit Sprühlack färben.
- Kränze mit Bändern am Hahn aufhängen.
- Kränze mit Ostereiern, Seidenblättern und Holzspänen schmücken.

Osterbaum mit Hahn: Das bemalte Federvieh aus Holz thront keck auf der Spitze, an den Strohkränzen baumeln dekorativ verschiedene Eier

Türsteher: Ein Sonnenkind, das auch im Norden gedeiht, ist der immergrüne Lorbeerbaum. Wer's lieber dicht und kugelig mag – auch runde Buchsbaumbüsche bilden, österlich geschmückt, einen hübschen Blickfang vor der Haustür

Eier mit Blattmotiven

- Eier mit Batik- (Marabu, Deka) oder Eierfarbe (Brauns-Heitmann) einfärben und anschließend mit einem weißen Lackmalstift mit Blattmotiven bemalen.
- Nach dem Trocknen die Eier mit Mattlack (Marabu – darf nicht wasserlöslich sein, sonst löst sich die Farbe auf!) überziehen.

ALLGEMEINE TIPS FÜR OSTEREIER

- *Hartgekochte Eier, die später noch gegessen werden sollen, nur mit Lebensmittelfarbe verzieren. Ansonsten ausgeblasene Eier, Styropor-, Watte- oder Holzeier verwenden.*
- *Ein Trick, der das mühselige Ausblasen erleichtert: für das Pusteloch mit dem Eierpikser oder einer Nadel viele kleine Löcher dicht an dicht in die Ober- bzw. Unterseite der Eier stechen und anschließend die perforierte Stelle vorsichtig herausbrechen.*
- *Mit einem Schaschlikspieß durch das Pusteloch die Eidotterhaut zerstechen und das Eigelb leicht verrühren.*
- *Das Ei auspusten und mit einem Spülmittel reinigen.*

Ostereierparade: Ob gefärbt, beklebt oder verziert – hier kann jeder mit etwas Geschick groß herauskommen. Je nachdem, ob die Schmuckstücke für den Frühstückstisch oder ausschließlich als (haltbare) Dekoration bestimmt sind, werden hartgekochte bzw. künstliche Eier gefärbt. Die Ornamente malt man nachträglich auf

Schmücken, Basteln und Gestalten zu Ostern

Blickfang für die Tür: ein Puzzle aus vielen zusammengefügten Zierelementen aus Holz. So poppig angemalt, sind sie eine starke Türdekoration fürs ganze Jahr. Zum Osterfest werden zu beiden Seiten Eier und kleine Zweige an Nägeln befestigt

Fröhlicher Empfang: Eine farbenfroh beklebte und geschmückte Pappdose, kombiniert mit einer Osterschleife, begrüßt die Gäste außen an der Tür

Türschmuck mit Stickschleife

Material:
Karton in Eiform (Bastelläden), verschiedenfarbiges Faserpapier (ein besonderes Geschenkpapier, im Schreibwarenbedarf), Zweige, Seidenprimeln (Blumengeschäfte), Seidenbänder.

So wird's gemacht:
- Karton mit Faserpapier in drei verschiedenen Farben bekleben.
- Primeln und Zweige mit Draht bündeln, dann den Draht durch den Kartondeckel stechen und auf der Innenseite durch Zusammendrehen den Schmuck befestigen.
- Durch den Kartonboden ebenfalls einen Draht stechen und zu einer Aufhängeschlaufe drehen.
- Deckel auf den Karton kleben.
- Bestickte Schleife mit dem Karton an die Tür hängen.

Türgirlande

Material:
Sperrholzplatte 10 x 30 cm, ca. 1 cm stark, verschiedene Holzschnitzauflagen (Baumarkt), Säge, Schmirgelpapier, Holzleim „Ponal", Waco Color (Wagner) in Rot, Blau, Gelb, Grün und Weiß, Mattlack (Marabu), Pinsel, 2 Bilderösen.

So wird's gemacht:
- Halbbogen nach der Schemazeichnung auf das Holz übertragen und aussägen.
- Kanten schmirgeln.
- Halbbogen in Grün grundieren.
- Holzschnitzauflagen in Weiß grundieren und nach dem Trocknen bemalen.
- Motive mit Ponal von der Mitte ausgehend gegengleich auf den Halbbogen kleben.
- Bogen lackieren.
- Bilderösen hinten anbringen.

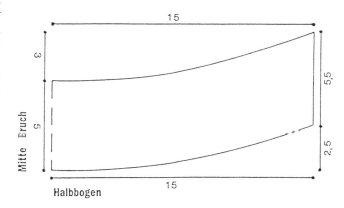

Schmücken, Basteln und Gestalten zu Ostern

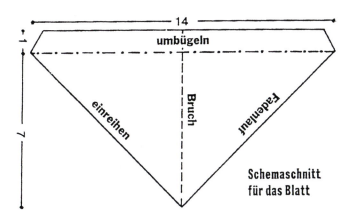

Schemaschnitt für das Blatt

Immergrün: Der Stoff-Blätterkranz welkt nie und wirkt das ganz Jahr über dekorativ

Stoff-Blätterkranz

Material:
1 Strohkranz 25 cm Ø, Stoffreste aus Baumwolle in verschiedenen Grüntönen, 2,50 m Duchesseband, 2,5 cm breit, 1 m Duchesseband, 3 mm breit, 5 Holzeier, Farbe und Pinsel.

So wird's gemacht:
- Eier anmalen.
- 37 Blätter nach dem Schemaschnitt zuschneiden.
- Die 1 cm breite Nahtzugabe umbügeln, das Teil im Bruch aufeinanderlegen und auf 1,5 cm Breite einreihen.
- Die Blätter mit ein paar Stichen auf den Strohkranz lt. Abb. aufnähen.
- Den Kranz mit Schleifenbändern und Ostereiern dekorieren.

Wetterfester Türschmuck: In der Mitte strahlen Seidenblumen und -blätter, unten läutet die Osterglocke den Frühling ein

Türkranz mit Glocke

Material:
Strohkranz (Bastelgeschäft), rundes Blechtablett, hier mit gelbem Rand (Geschenke-Läden), Seidenblumen und Blätter (Blumengeschäfte), flache Holzeier (ebenfalls in Blumengeschäften erhältlich), Seidenbänder, Glocke aus Ton, gelben und blauen Sprühlack.

So wird's gemacht:
- Den Strohkranz mit blauem Sprühlack färben, trocknen lassen.
- Das Blechtablett auf dem Kranz festkleben.
- Seidenblüten und Holzeier in die Mitte auf das Tablett kleben.
- Oben auf den Kranz künstliche Blätter kleben.
- Die gelb gesprühte Glocke sowie die Seidenbänder unten mit Draht am Strohkranz befestigen, die Enden der Bänder seitlich mit Stecknadeln feststecken.

Türkranz für alle Wetter: Diesen fröhlichen Draußen-Schmuck können Sie einfach selber machen. Auf einen Strohkranz (Blumenläden) stecken Sie mit Blumendraht Moos und Efeu. Farbige Plastikeier und bunte Schleifchen (aus Stoffresten) ebenfalls mit Draht befestigen

Schmücken, Basteln und Gestalten zu Ostern

Ostereier im Nest: Aus strahlend blauem Papiergras ist das Nest gebaut. Drin liegen in passenden Farbtönen bemalte oder mit Stoff bezogene Eier

Eier mit Stoff beziehen

- Für ein Plastik- oder Holzei in entsprechender Größe ein Stück Stoff mit Nahtzugabe zuschneiden.
- Die Enden säumen, einen Schlauch nähen und über das Ei ziehen.
- Jeweils an den Enden einen Faden durchziehen und zusammenziehen.

Eier mit Abziehbildern

Material:
Weiße oder braune Eier, Eierfarben und Abziehbilder (beides von Brauns-Heitmann).

So wird's gemacht:
- Nach Belieben die Eier einfärben.
- Abziehbilder lt. Beschreibung ins Wasserbad legen und Eier damit bekleben.

Die Motive der Marienkäfer-Eier werden mit Plakafarben aufgemalt (Anleitung Seite 79)

Bemalte Holzeier

Holzeier mit Tusche (Pelikan) bemalen und mit Mattlack (Marabu) lackieren.

Bemalte Eier

- Eier mit Kamille oder Eierfarben (Brauns-Heitmann) einfärben.
- Mit Tusche, Plaka- oder Aquarellfarben (Pelikan) bemalen und mit Seidenmattlack (Marabu) lackieren. Achtung: Der Lack darf nicht wasserlöslich sein.

Eier mit Hasen bekleben

Siehe „Eier mit Japanpapier bekleben", Seite 65. Hasenmotiv lt. Vorlage in entsprechender Menge aus Papier ausschneiden und aufkleben.

Hasenmotiv

Holzeier mit Farbe: Die großen und kleinen Kunstwerke halten nicht nur eine Saison. Die Rohlinge (aus Bastelläden) werden mit Tusche bemalt und dann lackiert

Schmücken, Basteln und Gestalten zu Ostern

Eier-Vielfalt: Mit verschiedenen Techniken lassen sich höchst eindrucksvolle Ergebnisse erzielen

Ei Nr. 1

Material:
Ausgepustete Eier, Wachsstifte, Teelicht, Holzstäbchen, Bindfaden.

So wird's gemacht:
Durch jedes Ei ein Holzstäbchen schieben. Das Holzstäbchen mit dem Ei über die Ränder einer kleinen Schüssel legen. Nun die Wachsstifte über dem brennenden Teelicht erwärmen und dann mit den weichen Stiften Tropfen auf das Ei auftragen. Die Tropfen mit einem Holzstäbchen schnell verwischen. Die Eier können auf diese Weise auch mehrfarbig dekoriert werden (dann immer mit der hellsten Farbe beginnen). Während des Auftragens der Farben das Ei gleichmäßig drehen. Das Ei so lange über der Schüssel liegen lassen, bis das Wachs erkaltet und fest geworden ist.

Ei Nr. 2, 13, 19 und 23

Material:
Ausgepustete Eier, Wasserfarben, verschiedene Pinsel (Arbeitsfoto D), Eierkarton.

So wird's gemacht:
Bei diesen Eiern werden verschiedene Farben (auch Gold) einfach mit dem Pinsel flächenweise aufgetragen, dabei können die Farbflächen ineinander gemalt oder mit unterschiedlichen Abständen zueinander aufgetragen werden. Das Ei zum Trocknen in den Eierkarton setzen.

Ei Nr. 3

Material:
Ausgepustete Eier, Buntstifte in verschiedenen Farben.

So wird's gemacht:
Die Eier einfach mti Buntstiften bemalen. Dafür die Stifte flach halten (schraffieren), und mehrere Farbflächen aneinander malen.

Ei Nr. 4

Material:
Ausgepustete Eier, wasserfester Filzstift, Aquarellstifte in verschiedenen Farben.

So wird's gemacht:
Mit dem Filzstift die Konturen des Phantasiemusters auf das Ei malen. Die so entstehenden Flächen mit den Aquarellstiften ausmalen. Die Stiftspitzen werden dafür zuvor kurz in Wasser getaucht.

Ei Nr. 5

Material:
Ausgepustete Eier, Wasserfarben, verschiedene kleine Blätter (z.B. Petersilie, Sellerie, Minze), ein Perlonstrumpf, Sprühgerät, Holzstäbchen.

So wird's gemacht:
Blätter und Gräser auf das Ei legen und vorsichtig, damit nichts verrutschen kann, den Strumpf glatt darüberziehen (siehe auch Arbeitsfoto E). In einem Glas etwas Farbe mit Wasser anrühren. Die Wasserfarbe mit dem Sprühgerät über das bezogene Ei sprühen. Die Farbe leicht antrocknen lassen, und dann den Strumpf mit den Blättern entfernen.

Ei Nr. 6

Material:
Hartgekochte Eier, braune Zwiebelschalen, Kratzgerät oder kleines Messer, Kochtopf, Eierkarton.

So wird's gemacht:
Aus den Zwiebelschalen einen Sud vorbereiten, indem die Schalen in warmem Wasser langsam erwärmt werden. Hat der Sud die gewünschte Farbintensität erreicht, werden die gekochten, weißen Eier vorsichtig eingelegt. Die Eier im Sud gleichmäßig bewegen. Die gefärbten Eier im Eierkarton trocknen lassen. Das gewünschte Motiv mit dem Kratzgerät oder Messer in die Farbschicht ritzen (Arbeitsfoto F).

Ei Nr. 7 und 10

Material:
Rohe Eier, Naturfarben, Kochtopf (kein Emaille, nimmt die Farbe an!).

So wird's gemacht:
Färben und Kochen der Eier sind ein Vorgang (außer bei Malvenblüten). Die Färbesubstanzen werden jeweils in 1/2 Liter Wasser zum Kochen gebracht. Die Eier zuvor am dicken Ende einstechen und dann in das kochende Wasser legen. Nach gut 5 Minuten Köcheln beginnen die Eier hart zu werden, nach etwa 10 Minuten erreichen sie die schönsten Farbtöne. Danach mit kaltem Wasser abschrecken.

Ei Nr. 8

Material:
Ausgepustete Eier, Ölkreiden in verschiedenen Farben.

So wird's gemacht:
Diese Eier einfach mit Ölkreiden bemalen, dabei verschiedene Farbflächen gegeneinander auftragen.

Ei Nr. 9

Material:
Ausgepustete Eier, wasserfester Filzstift (Schwarz).

So wird's gemacht:
Das Ei einfach mit einem Phantasiemuster aus vielen feinen Strichen bemalen.

Ei Nr. 11, 17 und 18

Material:
Ausgepustete Eier, Tapetenkleister, Lackfarben in den gewünschten Farben, Holzstäbchen, Bindfaden.

So wird's gemacht:
Zuerst den Tapetenkleister nach Anweisung anrühren und in eine flache Schale füllen. Die Lackfarben (zwei bis drei Farben nach Wahl) in die Mischung gießen und mit einem Holzstäbchen ganz vorsichtig zu einem „Marmormuster" verrühren (siehe auch Arbeitsfoto C). Das Ei mit einem durchgeschobenen Holzstäbchen vorsichtig durch die farbige Mischung drehen, dabei die Farbe in alle Richtungen verlaufen lassen. Das Ei mit Holzstäbchen an Bindfäden zum Trocknen aufhängen. Nach ca. 24 Stunden ist die Farbe trocken.

Ei Nr. 12

Material:
Ausgepustete Eier, Ölkreide und Wachsstifte in verschiedenen Farben.

So wird's gemacht:
Bei diesem Ei werden die Konturen des gewünschten Motivs mit der Ölkreide aufgetragen, die Flächen mit Wachsstiften ausgemalt.

Ei Nr. 14 und 20

Material:
Ausgepustete Eier, Filzstifte in gewünschten Farben.

So wird's gemacht:
Diese Eier werden mit chinesischen Schriftzeichen bemalt (Motive findet man auf Speisekarten oder Reiseprospekten). Natürlich können auch persönliche Initialen gemalt werden.

Ei Nr. 15

Material:
Ausgepustete Eier, Ölkreide, Filzstifte.

So wird's gemacht:
Mit einem Filzstift ein beliebiges Motiv oder Farbfläche auf das Ei malen. Mit der Ölkreide nun darübermalen, und dann die Übergänge mit dem Finger verwischen.

Ei Nr. 16

Material:
Ausgepustete Eier, Moltofil oder Gips, Künstlerölfarben, kleines Spachtelmesser, Holzstäbchen, Bindfaden (siehe Arbeitsfoto A).

So wird's gemacht:
Moltofil (oder Gips) so mit Wasser anrühren, daß die Konsistenz einer Paste erreicht wird. Durch jedes Ei ein Holzstäbchen schieben. Die Moltofilpaste mit den gewünschten Ölfarben mischen und dann mit dem Messer flächenweise auftragen (Arbeitsfoto B). Das Ei mit Holzstäbchen an Bindfäden zum Trocknen aufhängen.

A Für die Spachteltechnik (Ei Nr. 16) brauchen Sie Gips oder Moltofil, Künstlerfarben, ein kleines Spachtelmesser und Holzstäbchen zum Festhalten

B Die Spachtelmasse entsteht, wenn Sie Gipspulver mit Wasser anrühren und dann mit der Ölfarbe mischen – je nach Farbmenge bekommt die Masse einen pastelligen oder kräftigen Ton

C Für das Farbbad (Ei Nr. 11, 17 und 18) müssen Sie den Tapetenkleister nach Gebrauchsanweisung anrühren, in die Schale füllen, Lackfarbe eingießen und mit einem Holzstab leicht zum Marmoreffekt verrühren

D Mit Wasserfarben und Pinseln werden die Eier Nr. 2, 13, 19, 22 und 23 verziert. Bei der Verwendung von Lacken auf Wasserbasis glänzen die Eier nachher besonders schön

E Zarte Blätter und Gräser ergeben so florale Motive wie auf dem Ei Nr. 5. Das Blatt wird mit einem Perlonstrumpf fixiert und dann das Ei mit Farbe besprüht

F Aus Zwiebelschalen und Wasser wird der Sud hergestellt, der das Ei Nr. 6 mit einer braunen Schicht überzieht. In diese Farbschicht lassen sich feine Muster ritzen

Ei Nr. 21

Material:
Ausgepustete Eier, schwarzer Filzstift (wasserfest), Wasserfarben, Pinsel, Eierkarton.

So wird's gemacht:
Zuerst mit dem Filzstift die Musterkonturen aufzeichnen. Die so entstandenen Flächen zum Teil mit Wasserfarben ausmalen. Jede Fläche nach dem Bemalen kurz antrocknen lassen, bevor die nächste ausgemalt wird (die Farben können verlaufen). Das Ei zum Trocknen in den Eierkarton setzen.

Ei Nr. 22

Material:
Ausgepustete Eier, Plakafarben, kleiner Schwamm, Holzstäbchen, Bindfaden.

So wird's gemacht:
Zuerst durch jedes Ei ein Holzstäbchen schieben. Die gewünschten Farbtöne auf einen Teller streichen. Nun mit angefeuchtetem Schwamm die Farbe vom Teller auf das Ei tupfen. Das Ei mit Holzstäbchen an Bindfäden zum Trocknen aufhängen.

Manche Eier sind bemalt, andere mit Japanpapier beklebt (Anleitung Seite 65). Das Glitzernest ist von profaner Herkunft: ein aufgezupfter Topfschrubber

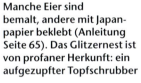

Eier mit Kleister bemalen

- Tapetenkleister (1 EL Kleister auf 12 EL Wasser) anrühren und je 1 EL Kleistermasse in Gläschen oder Joghurtbecher füllen.
- Mit je 1/2 Teel. Abtön-, Plaka- oder Acrylfarbe verrühren.
- Farben nicht zu dünn mit dem Borstenpinsel auftragen, dabei verschiedene Farbschichten neben- oder übereinander setzen.
- Mit einem Holzstäbchen kann man zusätzlich Muster in die noch nasse Farbe kratzen.

Ringel-, Pastell- und Marienkäfer-Eier

- Eier mit Batik- (Marabu, Deka) oder Eierfarbe (Brauns-Heitman) einfärben oder naturbraune oder weiße Eier verwenden.
- Anschließend mit weißer (die Marienkäfer mit roter und schwarzer) Plakafarbe lt. Abbildung bemalen (Marienkäfer-Foto Seite 74).
- Nach dem Trocknen die Eier mit Mattlack überziehen.

Wer Naschkatzen im Haus hat, sollte die bunte Girlande mit den leckeren Häschen und Kringeln nicht zu früh aufhängen

Aus dem Ei gepellt: Unter der dünnen Schale stecken bunte Gelee-Eier

Osteranhänger
(ca. 40 Stück)

Für den Teig:
150 g Mehl
100 g getrocknete gemahlene Bananenchips
75 g Butter oder Margarine
50 g Zucker
1 Msp. Backpulver
1 Prise Salz, 1 Ei
Zur Verzierung:
1 Eiweiß, 200 g Puderzucker
bunte Lebensmittelfarbe
bunte Zuckerperlen

Teigzutaten miteinander verkneten. Im Kühlschrank ca. 30 Minuten ruhenlassen. Zwischen Folie ausrollen und aus dem Teig ca. 40 verschiedene Osterfiguren ausstechen bzw. ausschneiden. Die Anhänger auf ein mit Backpapier ausgelegtes Blech legen, ein Loch zum Aufhängen hineinstechen und im Backofen (E-Herd: 200 Grad; Gasherd: Stufe 3) 10 Minuten backen. Das Gebäck auskühlen lassen. Eiweiß mit Puderzucker verrühren, bunt einfärben. Die Kekse damit bepinseln und mit Perlen verzieren. An bunte Bänder hängen und z.B. an eine Girlande binden.

*Pro Stück ca.
60 Kalorien/252 Joule*

Gelee-Eier
(6–8 Stück)

5–8 Eier
1 Topf Zitronenmelisse
1/2 Paket Götterspeise
(z. B. Tropic, Zitronen- oder Kirschgeschmack)
4 EL Zucker
1/2 l Wasser
40 g Marzipanrohmasse

Die Eier an beiden Enden anpiken. Das Loch am stumpfen Ende jeweils vergrößern, dann die Eier auspusten und sehr gründlich mit warmem Wasser ausspülen. Zitronenmelisseblättchen waschen, trockentupfen und jeweils 2–3 Blättchen in die Eier vertei-

Schmücken, Basteln und Gestalten zu Ostern

Bunter Hasentreff: Mit Farbe, Pinsel und Papier wird aus einfachen Kunststoffeiern eine muntere Langohr-Runde. Hier stehen sie dekorativ auf einem hölzernen Gockel

len. Götterspeise mit Zukker und Wasser nach Packungsanweisung zubereiten. Etwas abkühlen lassen. Aus der Marzipanrohmasse Kügelchen formen und die kleineren Löcher der Eier von außen damit verschließen. Gut andrükken. Die Eier mit der Spitze nach unten in Eierbecher setzen und mit einem kleinen Trichter oder einer selbstgedrehten Pergamenttüte die Götterspeise einfüllen. Im Kühlschrank fest werden lassen. Dann umdrehen und vorsichtig etwas abpellen.

Pro Ei ca. 6 Kalorien/25 Joule

Haseneier

Material:
Große und kleine Eier aus Styropor oder Plastik, Tonpapier, Papiermaché (Baumarkt), Plaka-Farbe, Schmirgelschwamm, Mattlack (Marabu), Pinsel, Uhu Alles-Kleber, schwarzer Filzstift.

So wird's gemacht:
- Eine ca. 5 mm dicke Schicht Papiermaché um das Ei herumlegen.
- Ei auf eine Sticknadel spießen und zum Trocknen hinstellen.
- Eier schleifen und bemalen.
- Ohren (2 x ausschneiden), Barthaare (Streifen 6 mm breit und 8,5 cm oder 6,5 cm lang 3 x von beiden Seiten fast bis zur Mitte hin einschneiden) und Füße (1 x im Bruch ausschneiden) ankleben, Gesicht mit Filzstift aufmalen.

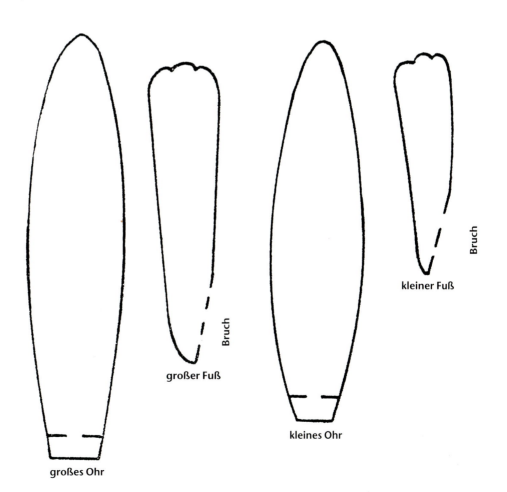

großes Ohr
großer Fuß
kleines Ohr
kleiner Fuß

Schön in Schale: Die farbigen Kunststoffeier ziert ein Mosaik aus zerbrochenen, aufgeklebten Eierschalen

Hühner auf der Stange: Fröhlich vereint sind sie eine witzige Dekoration für kleine Fenster mit Bistrogardinen. Die langen Drahtbeine werden gegeneinandergewickelt, damit das Huhn sicher auf der Stange sitzt

Mosaik-Eier

Material:
Farbige Plastikeier, Eierschalen von ungekochten Eiern, Uhu Alles-Kleber, Mattlack (Marabu), Pinsel.

So wird's gemacht:
- Uhu vorsichtig auf das Ei tupfen und Schalen aufkleben.

Hühner auf der Stange

Material:
Styropor- oder Watteeier, kleine weiße Holzkugeln für die Köpfe, schwarze Miniperlen für die Augen (alles von Knorr), Modelliermasse „Holzy" (E. Faber „Efahobby"), Plakafarben in Weiß, Rot und Gelb, Mattlack. Chenilledraht (pro Huhn 20 cm) in Gelb für Beine, Modellierstäbchen, Schleifpapier, Klebstoff, Pinsel

So wird's gemacht:
Aus der Modelliermasse „Holzy" die Schenkel an ein Watteei anmodellieren und mit Wasser und Stäbchen glattstreichen. Anschließend den Schwanz und den Rücken anmodellieren, die Flügel aufsetzen und den Bauch anmodellieren. Für den Kopf auf eine Holzperle Kamm, Kehllappen und Schnabel anmodellieren (bzw. kleben) und auf den Körper kleben. Die Löcher für die Beine vorstechen. Alles an der Luft trocknen lassen und eventuell mit Schleifpapier glätten. Das Huhn nach der Abbildung mit der Plakafarbe bemalen, dann nach dem Trocknen lackieren. Zum Schluß die Perlen für die Augen aufkleben und für jedes Bein einen 10 cm langen Chenilledraht, in Klebstoff getaucht, in die vorgebohrten Löcher stecken.

Eierbecher

Material:
Pappröhre (z.B. von der Küchenrolle) ca. 4 cm Ø, 4 cm hoch, Uhu Alles-Kleber, Höhe der Stäbchen bzw. Halme 5 cm.

Blau-roter Eierbecher:
Bastelhalme in Blau und Rot (Rayher), 60 cm rote Seidenkordel.

Grün-gelber Eierbecher:
Bastelhalme in Grün und Gelb (Rayher), 60 cm grüne Paketschnur.

Grüner Eierbecher:
Ca. 3 Stangen Vierkanthölzchen, Schleifpapier für Ober- und Unterkante, Tuschfarbe in Grün, Mattlack (Marabu), Pinsel, ca. 50 cm grünes Satinband, 5 mm breit.

Roter Eierbecher:
Ca. 3 Stangen Rundholz oder Schaschlikholzspieße, Tuschfarbe in Rot, Mattlack (Marabu), Pinsel, ca. 60 cm gelbes Paketband.

Gelber Eierbecher:
3 Bambusstäbe 40 cm lang, 7 mm Ø, Tuschfarbe in Gelb, Glanzlack (Marabu), Pinsel, kleine Säge, Schleifpapier, ca. 60 cm Naturbast.

So wird's gemacht:
- Stäbchen oder Halme 5 cm lang zuschneiden und ringsherum um die Pappröhre kleben.
- Evtl. mit Farbe anmalen.
- Mit den entsprechenden Bändern umwickeln.

Halt für die Eier: Vierkanthölzchen und Bastelhalme werden auf Papprollen geklebt, mit Farbe bemalt und mit Bändern umwickelt – fertig sind die bunten Eierbecher

Geflochtener Eierwärmer

Material:
3 Stoffstreifen: 40 x 80 cm groß, 1 Stoffstück: 40 x 60 cm groß. Verschiedene schmale Satinbänder, ca. 60 cm lang.

So wird's gemacht:
Stoffstreifen einrollen und zum Zopf flechten. Zum Ring legen, dabei die Enden übereinanderhalten und mit einem Knoten aus Satinbändern zusammenfassen. Stoffenden vernähen. Stoffstück säumen, in den Kranz legen und über die Eier legen.

Eierwärmer: Der Flechtkranz aus buntem Stoff hält die Eier auf Temperatur und ist im Handumdrehen selbstgemacht

GESCHENKE *zum Selbermachen*

HASEN & ENTEN *zum Kuscheln oder Essen*

Selbst wenn Sie zur Zeit in den Kaufhäusern über Osterhasen nur so stolpern: Nichts geht über ein selbst gebasteltes Exemplar! Zum Glück ohne Verfallsdatum – das heißt, die Mühe lohnt sich. Doch zunächst einmal erzählt Ihnen Andrea Riepe, warum der Osterhase behauptet, er lege die Eier, und warum er das Frühlingssymbol ist.

Der Osterhase und seine wahre Geschichte

Geliebter Lügner

Alle Jahre wieder im Frühling fallen wir auf einen Erzgauner herein: den Osterhasen. Er behauptet dreist, die bunten Eier seien von ihm, und spielt sich als Hauptfigur des Osterfestes auf. Zwar glauben wir ihm die Scharade nicht so ganz, aber hat jemand je etwas zur Ehrenrettung der Henne unternommen, der biologischen Eispenderin? Niemand!

Wie aber konnte Meister Lampe die Führung im Ostergeschehen an sich reissen? Fest steht, daß er seine Glanzrolle schon sehr lange genießt. Und wie immer, wenn wir altes Brauchtum zurückverfolgen, landen wir bei den Naturreligionen. Fündig werden wir zum Beispiel bei den alten Ägyptern. Sie verehrten Isis, die Göttin der Liebe. Ihr menschlicher Gefährte, mit dem sie sich jedes Jahr im Dienste der irdischen Fruchtbarkeit zusammentat, war Osiris. Geschrieben steht auch, daß Isis ihn ‚Wennofer' nannte, den ‚schönen Hasen', und daß seinetwegen die fruchtbarste Region des Nildeltas übersetzt ‚Hasengau' hieß. Das klärt, warum manche Frauen ihre Männer ‚Hase' titulieren und warum unser Osterhase als Exliebhaber der Göttin so wichtig tut.

Als Frühlingssymbol schlechthin hatte er übrigens einiges durchzustehen. Denn dieses Amt machte ihn zum beliebtesten Opfertier für Aphrodite. Zum Dank verlieh sie dem Hasenfleisch aphrodisische, also liebesfördernde Wirkung. Aber auch bei zahllosen Krankheiten soll er helfen. Die männliche Potenz und die weibliche Gebärfähigkeit stärkt – der Überlieferung nach – pulverisierter Hasenschwanz. Hasenblut heilt kranke Glieder, und Hasenfell unterm Kopfkissen beugt Schlaflosigkeit vor. Wohl deshalb gelten Hasenpfoten auch heute noch als Talisman. Dennoch: Der Hase bleibt ein Hochstapler. All seine Vorzüge berechtigen ihn nämlich noch lange nicht, die Ostereier als selbstgelegt auszugeben.

Eine Häsin dürfte sich das schon eher erlauben, denn was sie gebärt, waren mythologisch gesehen, nicht immer nur Hasenkinder. Manche Indianerstämme stellten sich zum Beispiel eine Häsin als Weltschöpferin vor, und im alten Britannien war die Häsin ein Göttinnensymbol.

Auch wir haben unsere mythologische Häsin. Sie war Nehalennia geweiht, einer friesischen Liebesgöttin. Hasen waren auch die Lieblingstiere der altgermanischen Unterweltgöttin Holda. Wir kennen Holda als ‚Frau Holle' aus dem gleichnamigen Märchen der Gebrüder Grimm.

Im Mittelalter und zu Beginn der Neuzeit wurde geglaubt, Frauen könnten sich in Hasen verwandeln. Bei einem Inquisitionsprozeß wurde einer als Hexe angeklagten Bäuerin sogar die Zauberformel dafür abgerungen. ‚Ich werd' in einen Hasen fahren, mit Angst und Seufzen und Sorgen viel, und werd' in Teufels Namen fahren, ach, bis ich wieder bei mir bin.'

Klar, daß in dieser Zeit den Hexen-Hasenfrauen allerlei Unwesen zugeschrieben wurde. So mußten sie für Viehsterben und Mißernte herhalten. Hoppelte ein unschuldiges Häschen vorbei, bevor ein Feuer ausbrach, wurde einer angeblichen Hasenfrau die Schuld gegeben – sie kam auf den Scheiterhaufen.

Heute gibt es keinen Hasenfrauen-Mythos mehr, sondern höchstens noch den Sex-Hasenkult. Leider. Denn ein Bunny mit Strapsen ist wirklich kein Ersatz für unseren Osterhasen. Deshalb drücken wir auch weiter ein Auge zu, wenn er schwindelt, die Eier seien von ihm…

Die gebackenen Häschen (Rezept Seite 88) schmekken zum Osterfrühstück oder sind zum Verschenken. Die Stoff-Kollegen kuscheln sich in selbstgemachten Eierschalhälften, die aus Luftballons, Tapetenkleister und Seidenpapier angefertigt werden (Anleitung Seite 88). Die Eihälften können Sie mit Sprießweizen garnieren, sie mit Eiern füllen oder als österliche Geschenkverpackung verwenden

Geschenke zum Selbermachen

Nach getaner Arbeit: Hasen haben jetzt Hochkonjunktur. Sind alle Eier versteckt, gibt sich Meister Lampe nur noch dekorativen Aufgaben hin: sitzend auf Bank oder Kommode, stehend neben Osterbaum oder Vase. Er wird aus Naturleinen genäht, ist 45 cm groß und hat eine modische Kleidung aus Resten

Osterhase

Das brauchen Sie für den Hasenkörper: 55 cm grobes Leinen, 90 cm breit, Rest helleren Stoff für die Ohren, 2 Glas-Tieraugen, Rest weißen Filz, etwa 300 g naturbraune Füllwatte, Bindfaden für Barthaare, Stickgarn für Nase, kunststoffummantelten Draht, Gewebeklebeband. **Für die Kleidung:** 25 cm Karostoff für die Hose, 80 cm breit, 32 cm Gummilitze, 0,5 cm breit. Je 20 cm einfarbigen und kleinkarierten Stoff für die Jacke, 90 cm breit. 4 Knöpfe, 1 Druckknopf. 25 cm einfarbigen Stoff für das Hemd, 90 cm breit, 2 Druckknöpfe. Velours-Lederrest für die Weste, 3 Knöpfe. Zwei 30 x 20 cm große Stücke Bastelfilz für die Schuhe, Bindfaden. Ein 30 x 20 cm großes Stück Bastelfilz für den Hut, Kordel und Bindfaden. Rest Blümchenstoff für das Taschentuch und die Fliege, 20 cm Gummilitze, 0,5 cm breit.

So schneiden Sie zu: Jeweils 1 cm Naht- und Saumzugaben anschneiden, an den inneren Beinkanten vom Körper nur 0,5 cm.

Körper: 2x im Stoffbruch, Arm 2x, Ohr 2x, seitl. Kopfteil 2x, mittl. Kopfteil 1x, Fuß 4x, Sohle 2x jeweils aus Leinen. Aus hellerem Stoff Ohr und Pfote je 2x.
Kleidung – Hose: Hosenteil 2x im Stoffbruch, Tasche 6 x 7 cm 1x aus Karostoff.
Jacke: Rückenteil je 1x im Stoffbruch, Vorderteil und Ärmel je 2x aus Karo- und Unistoff. **Hemd:** Rückenteil 1x, Kragen 2x, jeweils im Stoffbruch, Vorderteil (hier an der vorderen Schnittkante noch je 2 cm für den Beleg anschneiden) und Ärmel je 2x aus einfarbigem Stoff. **Weste:** 1x im Bruch aus Leder, dabei keine Kanten- und nur knappe Nahtzugaben an den Schultern anschneiden. **Schuh:** Fußteil 4x, Sohle 2x ohne Nahtzugaben aus Filz. **Hut:** Kopfteil 2x aus Filz. **Fliege:** Schleifenteil 10 x 2,5 cm, Mittelband 3 x 1 cm. **Taschentuch:** 8 x 8 cm.

So wird genäht:
Körper
- Je 1 helles und dunkleres Ohrteil re auf re bis auf die untere Öffnung zusammensteppen, wenden
- Helle Pfoten an der geraden Kante nahtzugabenbreit eingeschlagen auf die Arminnenseite unten steppen
- Schulternähe schließen
- Arme an den Körper nähen
- Körperseiten und Armnähte schließen, dabei an einer Körperseite eine Öffnung zum Wenden und Füllen lassen
- Beininnennaht schließen
- Von den Fußteilen die vord. und hint. Naht schließen
- Sohlen einsetzen
- Füße an die Beine steppen
- Vord. und rückw. Mittelnaht am Kopf schließen
- Mittelteil einsetzen, dabei die Ohren zwischenfassen
- Drahtgestell für den Körper biegen: für die Arme 70 cm Draht abschneiden und die Enden je 35 cm weit nach innen umbiegen und verdrehen. Für das Beine Bauchstück 124 cm Draht abschneiden, zur Hälfte legen und ver-

drehen. Dieses Teil wiederum zur Hälfte legen, dabei das Armteil in den Bruch legen. Bauchteil etwa 12 cm weit nach unten verdrehen. Ab hier die Stränge für die Beine etwas nach außen biegen. Die Stelle, wo das Armteil mitgefaßt wurde, mit Klebeband umwickeln, ebenso die Stelle, wo die Beine beginnen
- Körper ausstopfen, dabei an den Füßen und Händen beginnen, Draht einlegen und weiterstopfen
- Seitliche Körperöffnung schließen
- Kopf ausstopfen und lt. Markierung im Schnitt aufnähen
- Nase aufsticken, Barthaare einziehen, Augen aufnähen, dabei runde Filzstücke unter die Glasaugen legen.

Kleidung – Hose
- Obere Taschenkante säumen, Tasche knappkantig auf ein Hosenteil steppen
- Innere Beinnähte, dann die vord. und rückw. Mittelnaht schließen
- Obere Hosenkante 1 cm breit säumen, dabei Gummilitze einziehen.

Hemd
- Kragen an der Außenkante re auf re zusammensteppen
- Schulternähte schließen
- Ärmel säumen, dann ansetzen
- Seiten- und Ärmelnähte schließen
- Kragen re auf re an die Halsausschnittkante steppen, dabei nach außen gelegte Belege oben mitfassen
- Belege wenden, 1 cm breit, Kragenansatznaht knappkantig absteppen
- Hemd säumen
- Druckknöpfe annähen.

Jacke
- Schulternähte schließen, Ärmel ansetzen, Seiten- und Ärmelnähte schließen
- Beide Jackenteile an der Halsausschnittkante re auf re zusammensteppen und wenden
- Vordere, untere Jacken- und Ärmelkanten nahtzugabenbreit gegeneinander einschlagen und knappkantig zus.steppen
- Revers nach außen umschlagen und je 1 Knopf durchnähen, 2 Knöpfe auf den Übertritt nähen, Unter- und Übertritt mit dem Druckknopf schließen.

Weste
- Schulternähte knappkantig schließen
- Alle Kanten knappkantig absteppen
- Knöpfe annähen
- Knopflöcher einschneiden.

Schuhe
- rückw. und vord. Mittelnaht bis zum Schlitz li auf li knappkantig schließen
- Sohlen li auf li knappkantig einsetzen
- Bindfaden zum Schnüren einziehen.

Fliege
- Schmale Enden vom Schleifenteil jeweils re auf re bis zur Mitte legen und Kanten zusammensteppen, wenden
- Mittelstreifen um die Schleifenmitte wickeln und festnähen, dabei übereinandergelegte Enden der Gummilitze mit festnähen.

Taschentuch
- Säumen.

Hut
- Hutteile re auf re zusammensteppen, dabei Öffnungen für die Ohren lassen
- Grüne Kordel in 2 cm Höhe ab Rand aufnähen
- Aus Bindfaden eine Quaste binden und seitlich am Hut befestigen.

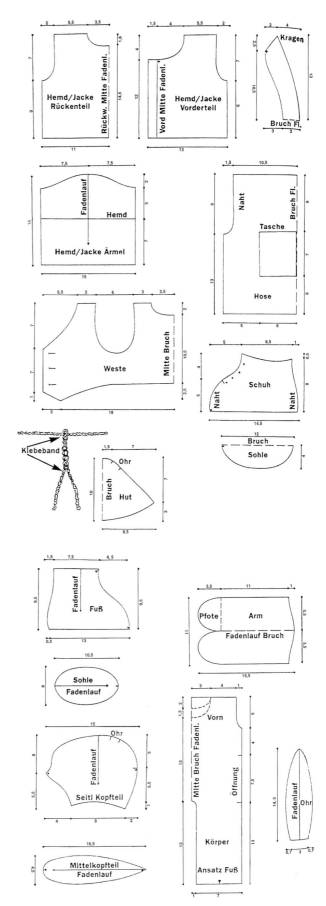

Geschenke zum Selbermachen

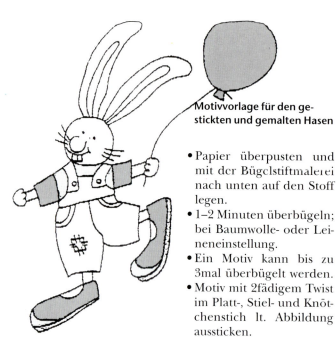

Motivvorlage für den gestickten und gemalten Hasen

- Papier überpusten und mit der Bügelstiftmalerei nach unten auf den Stoff legen.
- 1–2 Minuten überbügeln; bei Baumwolle- oder Leineneinstellung.
- Ein Motiv kann bis zu 3mal überbügelt werden.
- Motiv mit 2fädigem Twist im Platt-, Stiel- und Knötchenstich lt. Abbildung aussticken.

Gebackene Osterhasen
(4 Stück)

200 ml Milch
50 g Zucker
1 Würfel frische Hefe (42,5 g)
500 g Mehl
125 g Butter oder Margarine
1 Prise Salz, 1 Ei
2 EL Milch
8 Rosinen, Mandelstifte
4 Marzipanmöhren
(gibt's beim Konditor)
4 Holzstäbchen

Milch mit Zucker leicht erwärmen. Hefe darin auflösen und zugedeckt an einem warmen Ort 30 Minuten gehen lassen. Mit Mehl, Fett und Salz verkneten und noch einmal 30 Minuten gehen lassen. Den Teig in 8 Teile teilen. Aus 4 Teilen 4 Hasenkörper mit Armen formen und aus den anderen 4 Teilen Hasenköpfe mit Ohren formen. Ei trennen. Köpfe und Körper an der Verbindungsstelle mit Eiweiß bepinseln und zusammenkleben. Mit Rosinen (Augen) und Mandelstiften (Barthaare) wie auf dem Foto oben verzieren. Eigelb und Milch verrühren und die Hasen damit einpinseln. Die Hasen auf ein mit Backpapier ausgelegtes Blech legen und im Backofen (E-Herd: 180 Grad; Gasherd: Stufe 3) 15–20 Minuten backen. Abkühlen lassen. Marzipanmöhre mit einem Holzstäbchen feststecken.

Pro Stück 890 Kalorien; Zubereitungszeit: ca. 1 Std. (ohne Wartezeit)

Große Eierschalhälfte

- Luftballon aufpusten.
- Tapetenkleister anrühren
- Seiden- und Transparentpapier in nicht zu große Stücke reißen, mit Kleister bestreichen und in mehreren Schichten auf den Ballon kleben, dabei aber nur die halbe Ballonform bedecken.
- Nach dem Trocknen den Ballon anstechen und die Randform der Eierhälfte zurechtschneiden bzw. -zupfen.

Gestickte Hasen auf Boxershorts und Taschentuch

Material:
Sticktwist (MEZ), DEKA-Bügelmusterstift, Sticknadel.

So wird's gemacht:
- Motiv auf Transparentpapier übertragen, dann die Rückseite mit dem Bügelmusterstift nachzeichnen.

Genähte Krawatte

Material:
Baumwollbatist 20 cm lang (150 cm breit).
Die fertige Krawatte ist ca. 73 cm lang, und beide Enden sind gleich breit. Auf

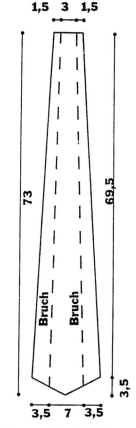

Schemaschnitt für die Doppelkrawatte mit Hase und Weihnachtsmann

die Enden sprühen Sie einmal den Weihnachtsmann und einmal den Osterhasen. (Motivvorlage für den Hasen siehe Seite 59)

So wird's gemacht:
- Schnitteil für die Krawatte 4mal plus Nahtzugaben zuschneiden und je 2 Teile an den oberen Schmalseiten zusammennähen.
- Krawatten rechts auf rechts legen und knappkantig zusammensteppen, dabei ein Stück zum Wenden offenlassen.
- Krawatte wenden, Öffnung mit Handstichen zunähen.
- Äußere Kanten nach innen legen (siehe Bruchlinien) und als rückwärtige Mittelnaht mit Handstichen gegeneinander nähen.
- Krawatte bügeln und Motive aufsprühen (Anleitung Seite 59).

Motivvorlage für Weihnachtsmann in Originalgröße

Originelle Mitbringsel: Die Häschen sind gestickt, gesprüht und geknetet, die Schachteln (Anleitung Seite 92) selbst bezogen. Witzig auch die Wendekrawatte: vorn Meister Lampe, hinten der Weihnachtsmann! Bei dem Hasen aus Fimo (Anleitung Seite 92) kann man ein Küken aus dem Ei ziehen

Freund Harvey läßt grüßen: Dieser selbstgenähte 80 cm große Hase aus weißem Teddyplüsch erfordert sicher ein bißchen Arbeit. Aber dafür begleitet der knuddelige Bursche viele Osterfeste

Großer Hase

Größe: etwa 80 cm hoch

Material:
1,20 m Teddyplüsch (140 cm breit), Füllwatte, Rest weißer Filz, 2 Tieraugen (20 mm Durchmesser), alles von Knorr-Hobby, Stickgarn in Rosa und Braun, weiße Wollfäden, Ponal oder Uhu Alles-Kleber, eine Rundnadel (Polsternadel) zum Aufnähen von Hals und Schwänzchen, dicke Stopfnadel zum Herausziehen der Plüschhaare an den Nähten.

Zuschneiden:
Alle Teile mit etwa 1,5 cm Nahtzugabe zuschneiden. Körper und Sohle je 2x im Stoffbruch, seitl. Kopfteil 2x, vord. mittl. Kopfteil, hint. mittl. Kopfteil und Schwänzchen als Kreis mit 22 cm Durchm. je 1x, Ohr 4x aus Plüsch. Augenform 2x aus Filz.

Nähen:
- Achtung – nach dem Wenden die Plüschhaare aus den Nähten ziehen!
- Ohren rechts auf rechts zusammensteppen, wenden und untere Kanten zwischen den Zeichen in Falten legen, so daß die Ohren unten 5 cm breit sind.
- Vord. und hint. mittl. Kopfteil den Markierungen entsprechend zusammensteppen, dabei an den Seiten jeweils die Ohren zwischenfassen.
- Seitl. Kopfteile den Markierungspunkten entsprechend bis zur Nasenspitze ans mittl. Kopfteil steppen.
- Vord. untere Kopfnaht schließen. Körperteile bis auf die obere Halsöffnung und die Sohlenöffnungen rechts auf rechts zusammensteppen und wenden.
- Fußsohlen einsetzen.
- Kopf im vord. Bereich bis zu den Schulternähten ansetzen (die Naht hinten zum Stopfen offenlassen).
- Schwänzchen ringsum einreihen und zusammenziehen, etwas mit Watte ausstopfen und lt. Markierung von Hand auf den Popo nähen.
- Nase mit rosafarbenem Garn mit Spannstichen auf die Spitze des vord. mittl. Kopfteils sticken.
- Mund mit braunem Garn mit Vorstichen lt. Einzeichnung aufsticken.
- Filzstückchen für die Augen aufnähen, Glasaugen darauf nähen.
- Weiße Wollfäden (jeweils etwa 15 bis 20 cm lang) als Barthaare einziehen, dabei dick mit Ponal oder Uhu bestreichen und gleichzeitig festdrehen.
- Als Outfit gibt es gekaufte Boxershorts (Gr. S) und Nickituch.

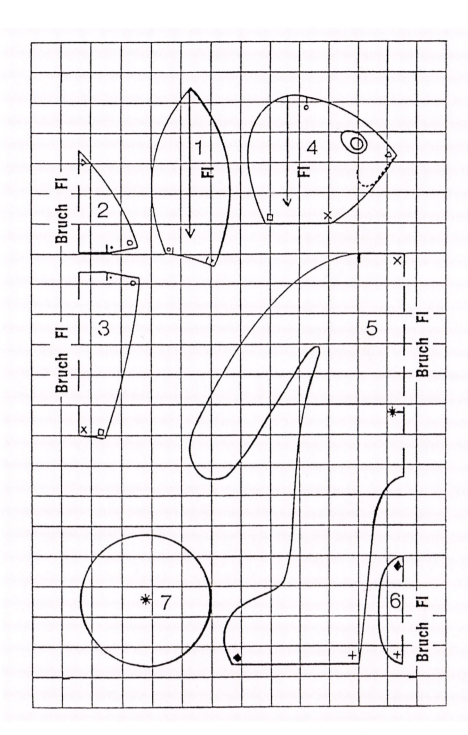

1 Quadrat = 5 cm x 5 cm

1 = Ohr
2 = vord. mittl. Kopfteil
3 = hint. mittl. Kopfteil
4 = seitl. Kopfteil
5 = Körper
6 = Sohle
7 = Schwänzchen

Hase aus Fimo
(Foto Seite 89)

Material:
„Fimo" (Faber) in Braun, Grün, Gelb, Hellblau, Pink und Weiß. Dünne Pappe (für Schablone), Pinsel, Klarlack (Cernit), Cutter, Klebstoff, Modellierstäbchen, 4 Stecknadeln (gekürzt), 17 cm feine Schnur (fertige Länge 8,5 cm)

So wird's gemacht:
- Grundform aus Pappe ausschneiden und 1mal aus braunem Fimo formen.
- Motivteile einzeln nach den Zeichnungen aus buntem Fimo lt. Foto arbeiten.
- Eispitzen abschneiden, Teile aufeinanderlegen, verzieren und für die Befestigung des Kükens (Dorn am Kopf) in die Unterseite ein Loch bohren.
- Braune und pinkfarbene Ei-Zwischenteile entsprechend der Zeichnung aus je 0,5 cm dickem Fimo ausschneiden. Zusätzlich in die braune Eiform eine kleine Kerbe schneiden und eine Stecknadel einsetzen.
- Kleine gelbe Kugel wie eine Perle mit Loch formen.
- Küken nach der Zeichnung formen, unten ein Loch bohren und quer hierzu eine Stecknadel einsetzen.
- Teile aufeinandersetzen (Figur = 2 Schichten, Ei = 4 Schichten), andrücken – Küken extra – und im Backofen bei 130 Grad brennen.
- Küken mit dem Dorn in den Eierhut kleben.
- Alle Teile lackieren.
- Schnur um die Stecknadeln des Kükens und der Eiform legen, durch das untere Loch des Eis ziehen und die Kugel befestigen.
- Zwei Stecknadeln von hinten zur Arretierung des Kükens durch die Eiform stechen und mit der Zange abkneifen.

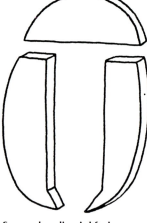

Vorlage für das Küken

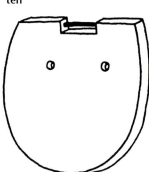
So werden die pinkfarbenen Ei-Zwischenteile ausgeschnitten

Braunes Ei-Zwischenteil mit Stecknadelmarkierungen

Vorlage für den Fimo-Hasen in Originalgröße (Grundform und Dekorteile)

Bezogene Pappschachteln
(Foto Seite 89)

Material:
Vorgeritzter Karton für Schachteln (Hobbyidee), Spezialleim und Pinsel (Hobbyidee), Schneidemesser und -unterlage, Schere, Falzbein, Stahllineal, Bleistift, Wasser, Haushaltstücher, Plastikfolie für die Arbeitsplatte, Klebeband, Überzugspapier (es eignen sich alle festeren Papiere; dünneres Papier wellt sich beim Einstreichen mit Leim) oder statt Papier dünner Stoff.

So wird's gemacht:
- Arbeitsplatte mit Folie abdecken.
- Innenseite der Schachtel bekleben wie folgt: Papier mit der Dekorseite nach unten auf die Arbeitsplatte legen und ausgeschnittenen Karton auflegen.
- Ränder mit dem Bleistift umfahren, Karton weglegen.
- Papier mit Leim einstreichen, Karton aufkleben und die Ränder mit dem Schneidmesser ausschneiden.
- Gut 2 Stunden durchtrocknen lassen.
- Mit dem Falzbein die Seitenteile hochbiegen und aus dem beiliegenden gummierten Papier Rechtecke für die Seitenteile schneiden. Seitenteile hiermit zusammenkleben.
- Seitenteile beziehen.
- Boden beziehen.

Sitzente

Größe: 60 cm hoch, 75 cm breit

Material:
Baumwollstoff in Gelb 1 m (90 cm bzw. 130 cm breit), in Rot 35 cm (90 cm bzw. 130 cm breit), in Grün 60 cm (90 cm breit) bzw. 45 cm (130 cm breit), in Blau 60 cm (90 cm breit) bzw. 50 cm (130 cm breit). 2 m aufbügelbares Volumenvlies H 640 (90 cm breit), 2 Tieraugen (18 mm Durchmesser), 2 weiße Filzkreise (30 mm Durchmesser) und Füllwatte.

Zuschneiden:
Schnitteile in Originalgröße nach dem Raster zeichnen. Alle Stoff- und Vliesteile mit ringsum 1 cm Nahtzugabe zuschneiden, nur bei Füßen und Flügeln aus Vlies keine Nahtzugabe anschneiden. Körper, Schnabel, Brust, Kopf und Boden je 2x, Flügel und Füße je 4x aus Stoff und Vlies. Streifen unten am Kopf in Rot, oben am Körper in Blau 1,5 cm breit und 23 cm lang je 2x aus Stoff.

Nähen:
- Allen Teilen Vlies von links gegenbügeln.
- Je 2 Fuß- und Flügelteile re auf re bis auf eine Öffnung zum Wenden zusammensteppen, wenden. Öffnungen schließen.
- Schnabelteile a. d. Außenkante zusammensteppen.
- Jeweils die schmalen Streifen auf Kopf- und Körperteile steppen.
- Kopfmittelnaht und kleine Naht vorn schließen.
- Schnabel a. Kopf einsetzen
- Brust- an Körperteile steppen.
- Abnäher an den Körperteilen schließen.
- Füße und Flügel laut Schnitteinzeichnung auf die Körperteile steppen.
- Vordere, obere und hintere Mittelnaht am Körper schließen.
- Kopf einsetzen.
- Mittelnaht der Bodenteile bis auf die Öffnung schließen.
- Boden lt. Markierung im Schnitt einsetzen.
- Augen auf die Filzkreise legen und am Kopf festnähen.
- Ente fest ausstopfen.
- Öffnung im Boden schließen.

1 = **Körper – Gelb**
2 = **Brust – Rot**
3 = **Kopf – Grün**
4 = **Schnabel – Gelb**
5 = **Fuß – Grün**
6 = **Flügel – Blau**
7 = **Boden – Grün**
1 Quadrat = 5 cm x 5 cm

Sitzente: Bevor das Vergnügen allerdings losgehen kann, ist Können mit Nadel und Faden gefragt. Aus verschiedenfarbigen Stoffen wird die Ente selbstgeschneidert und – damit sie ihr Figur behält – fest mit Füllwatte gestopft

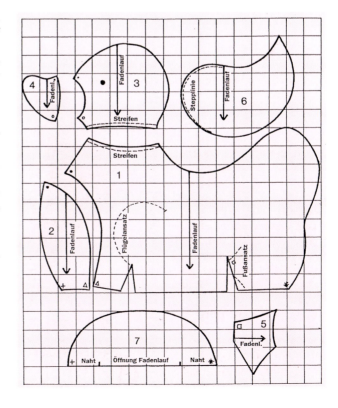

Designerdosen »homemade«: Wer diese aparte Schachteln basteln möchte, sollte ab sofort die Schalen von Frühstückeiern aufheben!

Eierschalen-Schachteln

- Herzförmige Schachtel: Eierschalen mit Holzleim (!) auf eine Schachtel aus brauner Pappe (Bastelladen) kleben.
- Bei den anderen Dosen bzw. Schachteln wird Gips oder Moltofill dünn über den Fugen aufgetragen und nach dem Trocknen mit unterschiedlicher Körnung (80–150) geschliffen. Evtl. diesen Vorgang noch einmal wiederholen.

Wertvolles im Ei

Buntbemalte Eier sind nicht nur hübsch anzusehen, sie können es durchaus auch in sich haben: Bares in Form von zusammengerollten Geldscheinen nämlich. In so origineller Schale verpackt tarnt sich zum Beispiel der Taschengeldzuschuß für die Nichte oder das Reisegeld für die Sprachferien des Enkels. Sie müssen nur ein Auspusteloch etwas vergrößern, den enggerollten Schein ganz hineinschieben und das Loch mit einem Klebepunkt wieder verschließen. Ausgepustete Eier werden in Kaltfarben gefärbt. Dafür jede Farbe in ein Gefäß gießen, mit 2 EL Essig und 1/4 l kaltem Wasser mischen. Die Eier heiß spülen, dann 2–4 Minuten mit Holzstäbchen in die Farbe tauchen, herausheben, trocknen lassen. Rohe Eier mit Natur-Eierfarben schon während des Kochens färben. Die Färbetablette in 1 l kaltem Wasser auflösen und erwärmen, rohe Eier einlegen und 4–6 Minuten kochen.

Register

Rezepte und Bastelanleitungen

Rezepte:

A
Ananas-Pfirsich-Törtchen	46
Anisbrötchen	10
Aprikosen-Blätterteig-Gebäck	29
Aprikosen-Eier	43
Aprikosenkuchen	51
Avocado-Spargelsalat mit Eiern	23

B
Baisers (gefüllt)	41
Baisers mit Rhabarbersahne	41
Baisertörtchen mit Heidelbeersahne	39
Baisertörtchen mit Himbeercreme	39
Biskuitrolle mit Eierlikör-Quark-Füllung	53
Biskuitschnitten	52
Blätterteig-Hasen	62
Bohnen-Tomaten-Gemüse	26
Buchweizentorte mit Kiwi und Himbeeren	46

C
Camembert (gefüllt)	21
Cornflakes mit Obst	12
Crêpes (gefüllt)	31

D
Dill-Sahne-Kartoffeln	29
Doughnuts	11

E
Eier (gefüllt)	23
Eier im Sud	10
Eierlikörtorte	47
Eier mit Speck	11
Eierschecke	53
Eiersülze	16
Erbsensuppe	22
Erdbeer-Quark-Kuchen	52
Erdbeertorte	29

F
Flockentorte	47
Frischkäse-Eier	12
Früchte-Eier	42
Fruchtgelee	49
Frühlingssuppe	28

G
Geflügelpasteten	55
Gelee-Eier	80
Gemüsequiche (mit Sardellenfilets)	55
Gemüsequiche (mit Scampi)	17
Gemüsesülze mit Kaviardip	21
Glasbläserhering	15
Gorgonzolaschälchen	21
Grüne Soße	17

H
Hackepeter	12
Haselnußbrot	13
Hasenbrötchen	20
Hefehasen (gefüllt)	37
Hefeteighörnchen	10
Heidelbeer-Muffins	11
Himbeerkonfitüre	12
Himbeertörtchen	51

J
Joghurttorte mit Früchten	45

K
Kaninchen-Rillette	57
Käse-Eier	18
Käsecreme	10
Kaviar-Eier	12
Kirsch-Nuß-Torte mit Baiser	48
Kopenhagener	15
Krabben-Omelett	15
Kräuterbrioche	19
Kräuterbrot mit Kürbiskernen	34

L
Lachs in Salzkruste	28
Lachs mit Honigsoße	15
Lammkeule (mariniert)	25
Lammtopf	22
Leberpastete	15

M
Mangokonfitüre	12
Marzipaneier	43
Möhren-Nuß-Brot	34
Möhrenkonfekt	42
Mokka-Eierlikör-Mousse	21
Mokkatorte	46
Mürbeteiganhänger	36
Müsli	13
Müslizopf	31

N
Nougateier	43

O
Obstsalat	17
Osteranhänger	80
Osterburger	57
Osterhahn und -henne	35
Osterhasen-Brötchen	31
Osterhasen (gebacken)	88
Osterhasenköpfe	36
Oster-Konfekt	43
Osterkorb (aus Hefeteig)	32
Osterkörbe (aus Quark-Öl-Teig)	60
Ostertorte	48
Osterzopf	33

P
Palatschinken	9
Papaya-Aprikosencreme	49
Pflaumenbrötchen	33
Pflaumenmus	9
Putenrollbraten (gefüllt)	16
Putenroulade in Kräutersahne	26

Reis Trauttmansdorff	9
Rosinenbrötchen	32
Rosinenstuten	12
Rote Grütze	25

Salat (gemischt)	28
Salat mit Krabben	21
Salat mit Wachteleiern	18
Schoko-Krokant-Eier	43
Schokoladencreme	49
Schweinemedaillons (überbacken)	26
Sonnenblumenbrötchen	15
Spiegeleierkuchen	52
Spinat-Kräuter-Suppe	18
Spinatkuchen	23
Streuselkuchen	53

Tafelbrötchen	17
Tiramisù-Torte	27

Vitamincocktail	11

Waffeln mit Ahornsirup	11
Waldorfsalat	12
Weinbrand-Trüffel	42
Windbeutel (gefüllt, mit Lachs)	56
Windbeutel mit Kräutercreme	32
Windbeutel mit Zitronensahne	27
Wurstsalat	10

Ziegenkäse (gratiniert)	25
Zucchini-Apfel-Brötchen	32

Bastelanleitungen:

Drahtenten (Blumenschmuck)	67

Eier bemalen	71, 75–79, 94
Eier mit Abziehbildern	74
Eier mit Blattmotiven	71
Eier mit Geschenkpapier bekleben	65
Eier mit Hasen bekleben	75
Eier mit Japanpapier bekleben	65
Eier mit Stoff beziehen	74
Eierbecher	83
Eierschalen-Schachteln	94
Eierschalhälfte (Deko)	88
Eierwärmer (geflochten)	83

Geschirr (bemalt)	62

Hase (genäht)	86
Hase aus Fimo	92
Hase aus Teddyplüsch	91
Hasen (gesprüht auf Servietten)	59
Hasen (gestickt auf Boxershorts und Taschentuch)	88
Haseneier	81
Hühner auf der Stange	82

Kacheln (bemalt)	62
Krawatte zum Wenden	88

Lackset-Huhn	61
Leinendecke und Servietten	60

Miniatur-Vasen	61
Mooskranz	68
Mosaik-Eier	82

Osterbaum mit Hahn	70

Pappschachteln (bezogen)	92

Serviettenringe	62
Sitzente	93
Stoff-Blätterkranz	73
Strohkranz „Natur"	69

Tischkranz mit Stiefmütterchen	66
Tulpenbeet	67
Türgirlande	72
Türkranz mit Glocke	73
Türschmuck mit Stickschleife	72